KB210201

** 91쪽의 그림은 폴 맥콜드(Paul McCold)와 테드 와첼(Ted Wachtel)의 모델에 대략적인 기초를 두고 있다. P.McCold, "Toward a Mid-Range Theory of Restorative Criminal Justice:A Reply to the Maximalist Model," *Contemporary Justice Review* 3(2000),257-414.(그림은 401쪽). 동의를 얻어 사용함.

교도소에서의 회복적 사법

관계의 그물망을 다시 세우다

바바라 테이브스 지음

김영식 옮김 · **이호승** 감수

대장간

정의와 평화 실천 시리즈

교도소에서의 회복적 사법
- 관계의 그물망을 다시 세우다

지은이	바바라 테이브스
옮긴이	김영식
감수	이호승

초판	2020년 5월 11일
펴낸이	배용하
책임편집	배용하
등록	제364-2008-000013호
펴낸곳	도서출판 대장간
	www.daejanggan.org
등록한곳	충남 논산시 매죽헌로 1176번길 8-54, 101호
대표전화	전화 041-742-1424 전송 0303-0959-1424

분류	회복적정의	교도소	현대사회문제
ISBN	978-89-7071-521-6 93330
CIP제어번호	CIP2020017349

 값 8,000원

차례

감사의 글 · 7

역자 서문 · 11

1. 서론 · 15
  이 책에 대하여 · 18
  이 책을 어떻게 활용할 것인가? · 22

2. 관계의 그물망 · 24
  연결 · 24
  단절 · 26

3. 범죄와 형사사법 · 29
  단절과 범죄 · 30
  단절과 형사사법 · 32

4. 회복적 사법 · 36
  회복적 질문과 가정 · 37
  회복적 사법의 핵심 요소 · 38
  회복적 가치들 · 40

5. 공동체의 재연결 · 43
  공동체의 사법적 요구 · 45

6. 개인의 재연결 · 51
  개별적인 사법적 요구 · 53

7. 피해자와 돌봄 공동체의 재연결 · 58
  피해자의 사법적 요구 · 61

8. 수형자와 재연결 · 67

　수형자의 사법적 요구 · 70

　책임의 요소 · 72

9. 수형자 가족의 재연결 · 77

　가족의 사법적 요구 · 80

　가족과 범죄 피해자 · 86

　가족이 범죄 피해자인 경우 · 88

10. 회복적 사법 실무 · 90

　회복적 실무 · 90

　대면 만남 · 93

　서클 · 95

　가족 간 대화모임 · 96

　피해자–가해자 대화모임 · 98

　대화그룹 · 99

　후원과 책임 서클 · 101

　회복적 시스템 · 103

11. 회복적 사법 실무, 사법, 그리고 교도소 · 105

　기존 프로그램 연계 · 107

　회복적 프로그램의 교도소 내 활용 · 109

　회복적 '공간' · 111

12. 교도소 내에서의 회복적 삶 · 116

　공동선을 위한 회복적 삶 · 127

선정도서 · 130

미주 · 132

용어번역 일람 · 138

감사의 글

이 책은 펜실베이니아주州, 특히 달라스, 그레이터포드, 헌팅던, 먼시, 리트리트, 락뷰, 스미스필드 지역 교도소 등에 구금된 수형자들과 진행한 작업을 토대로 집필되었다. 이들은 회복적 사법에 대한 지지와 함께 비판도 보내주었다. 내가 이 주제를 들고 그들이 있는 곳으로 들어가 함께 배우고 성숙할 수 있도록 그동안 그들은 큰 인내를 발휘해 주었다.

이 책은 다양한 관점에서 원고를 검토해 준 고마운 분들의 수고로 빛을 볼 수 있었다. 펜실베이니아에서 초고 포커스 그룹에 참여해 주신 프레스턴 페이플라이Preston Pfeifly, 데릭 스미스Derek Smith, 존 연트Jon Yount, 토니 브라운Tony Brown, 토미 캐시야스Tommy Casillas, 스티븐 사나브리아Steven Sanabria, 케빈 테일러Kevin Taylor, 주디스 포모로이Judith Pomoroy, 유니카 심스Eunika Simms, 란다 크리스먼Linda Crisman, 차메인 펜더Charmaine Pfender, 샤론 위긴스Sharon Wiggins, 마리 스캇Marie Scott, 토냐 크라우트Tonya Krout, 웬디 치어리Wendy Chiari, 존 프리차드John Prichard, 데이브 크레이그Dave Craig, 앨

버트 밴디Albert Bandy, 알론조 와츠Alonzo Watts, 폴 페리Paul Perry, 웨인 커빙턴Wayne Covington 등 여러분들에게 감사드린다. 본의 아니게 빠뜨린 분이 있다면 진심으로 사과드린다!

또한 오레곤 주립교도소에서 초고를 위한 집단 면접조사 그룹manuscript focus groups에 참여해 주신 로버트 디트리치Robert Dietrich, 샘 소펀싸봉Sam Sophanthavong, 토미 맥스웰Tommie D. Maxwell, 앤토니오 팔라시오스Antonio S. Palacios, 케빈 핀컬Kevin Finckel, 롤랜드 그레이Roland Gray, 멜리사 크레이브Melissa Crabbe, 카루나 톰슨Karuna Thompson, 데이빗 베네딕터스David Benedicktus, 프레드 퍼로프Fred Perloff, 윌리엄 우드William Wood 와 익명을 원하시는 모든 분들에게 감사드린다.

집단심층조사focus groups를 진행하면서 동시에 초고를 검토해주신 대니 말렉Danny Malec, 크리스틴 로쓰락Kirsten Rothrock, 타마라 미할릭Tamara Mihalic 에게도 감사드린다. 글을 쓰기 전에 크레이터포드와 먼시에서 예비 포커스 그룹에 참여해 주신 분들에게도 감사드린다.

마지막 원고에 따뜻한 피드백을 주신 타냐 크라우트Tanya Krout,
마리 스캇Marie Scott, 알론조 와츠Alonzo Watts, 폴 페리Paul Perry, 프레
스턴 파이플라이Preston Pfeifly, 케빈 커네디Kevin Canady, 마이클 무어
Michael Moore, 러셀 셀비Russell Selby 에게 특히 감사드린다. 또한, 인
디애나주 벨라미 크릭 교정시설에 수용된 스티븐 팔머Steven Palmer
에게도 감사를 전한다.

교도소에 수용된 분들을 위한 헌신과 연민을 함께 하는 펜실베
이니아 교도소협회, 상사와 동료들에게 감사의 마음을 전한다.
특히 빌 디마시오Bill DiMascio, 베티앤 아이젠먼Betty-Ann Izenman, 나
이마 블랙Naima Black, 테드 에녹Ted Enoch, 앤 슈와츠먼Ann Schwartz-
man 에게 감사드린다.

그리고 대니 말렉Danny Malec, 앤젤라 트롭Angela Trop, 피해자 옹
호사무소의 케이시 버클리Kathy Buckley, 먼시 주립교정원 부원장
조앤 토마Joanne Torma, 젠 앨리그젠더Jen Alexander 등 원고를 읽고 문
제점을 지적해주신 모든 분에게 감사드린다.

직접 만나 뵙지는 못했지만, 책과 글을 통해 지식을 전해주신

다른 회복적 사법 실무자들에게도 감사드린다. 특히 내가 범죄를 저지른 분들의 시각을 대변하는 방향으로 회복적 사법을 확대할 수 있도록 격려해주시고, 이 책을 쓸 기회를 주신 하워드 제어 Howard Zehr 교수님께 깊이 감사드린다.

책을 쓰는 작업이 결코 쉬운 일이 아님에도 지난 2년간 나와 나의 프로젝트를 지지하고 인내해준 나의 남편 라드Rod 에게 큰 감사와 존경을 보낸다.

옮긴이 글

회복적 정의, 회복적 사법이란 현실에 적용하기 어려운 단지 이상적인 법철학으로만 생각했는데, 새롭게 큰 관심을 두게 된 것은 10년 전 어느 단체에 대한 글을 접하면서다.

캐나다에서 시작된 '후원과 책임 서클Circles of Support and Accountability, COSA' 이라는 단체는 가석방할 수 없는 고위험 성범죄 수형자를 자원봉사자들이 교도소에서부터 서클 멘토링을 시작하여, 출소 후 사회에 정착할 때까지 지원한다는 내용이었다. 부담스러운 대상을 지역사회 이웃들이 용기와 시간을 내어 지원한다는 사실이 믿기지 않았다.

이 책의 번역 감수를 맡아주신 이호승 교도관과 함께 캐나다 연수 과정에서 이 단체를 방문할 기회를 얻었다. 자원봉사자들은 사람의 존엄과 회복적 가치를 훈련받고 있었고, 출소자들이 책임 있게 살아갈 수 있도록 든든한 친구가 되어주고 있었다. 그들은 그 누구도 포기해서는 안 되며, 더 이상의 피해자는 없어야 한다는 신념을 삶의 현장에서 실천하고 있었다.

더욱 놀라운 것은 우리가 방문한 COSA 오타와는 서클프로그램이 시작하던 20년 전부터 참여 출소자 중 단 한 명의 재범자도 없었다는 사실이었다. 고위험 범죄자를 교화한다는 것은 불가능에 가깝다는, 교도관으로서의 오랜 선입견이 깨어지는 순간이었다.

회복적 정의라는 그 이상향은 우리 곁에서 얼마든지 현실화시킬 수 있는 새로운 대안이다. 회복적 정의는 우연한 행운으로 발견한 오아시스가 아니라 아주 오래전부터 인류사의 땅속 깊은 물줄기를 이루다 이 시대에 마중물로 퍼 올린 샘물과 같다고 생각한다.

온 사회를 경악에 빠뜨린 흉악범일지라도 그 이면에는 가족과 공동체에서 경험해야 할 관계의 결핍·사회구조적 문제를 내포하고 있으므로 그들을 우리와 함께 책임 있게 살아가도록 돕는 것은 동시대를 살아가는 우리 모두의 공동 관심사이고 책임이어야 한다. 신약성경 갈라디아서 6:1-2 회복적 정의는 깨어진 관계를 치유하고, 새로운 관계의 그물망을 재건하여 그 누구라도 변화될 수 있다는 희망을 던져주고 있다.

다만 한국의 회복적 사법은 아직도 실험적 도입 단계를 크게 벗어나지 못하고 있다. 특히 교도소 내에서의 회복적 사법은 사법 당사자로서 이해관계가 없다는 시장 원리로 인해 관심에서 멀어진 경향이 있다. 그러나 역설하면 사법적 이해관계에서 자유롭기에 오히려 가장 진정성 있는 회복적 사법이 가능하다고 확신한다.

이 책이 우리 사회로 복귀하는 수많은 수형자에게 책임 있게 살아가는 새로운 출발이 되고, 피해자 또한 다양한 방식으로 치유하고 회복과 안전을 경험할 수 있도록 돕는 더욱 성숙하고 평화로운 세상을 펼쳐나가는 데 쓰임 받는 디딤돌이 되기를 기원해 본다.

한편 이 책을 번역하고 다듬고 확인하는 모든 과정에 회복적 사법 동역자분들의 결정적 도움이 있었음을 밝히며 깊은 감사를 드린다. 특히 '후원과 책임 서클 한국본부COSA KOREA' 대표 박정란 박사님, '국제교도소협회 한국본부PF KOREA' 김영석 이사장님,

'회복적 사법 포럼' 대표 조균석 이화여대 교수님, '한국평화교육훈련원KOPI' 이재영 원장님의 소중한 자문과 선각자적 개척 활동에 감사와 경의를 표한다.

또한, 번역본을 살펴 다듬어 주시고 고견을 주신 백석대학교 교정보안학과 김안식 교수님, 법무부 김태원 교감님과 최윤석 교감님, 부산교도소 박종철 교위님께도 깊은 감사를 드린다.

끝으로 늘 격려해주시는 승성신 전 법무부 교정본부장님, 은사이신 신양균 전북대학교 부총장님, 영적 멘토이신 새생활교회 김범석 목사님의 큰 은덕에 머리 숙여 감사드리며, 사랑하는 아내와 딸, 아들에게도 고마운 마음을 전한다.

1. 서론

당신의 등 뒤에 앉아있는 이웃집 여자가 당신의 뒷담화를 하고 있다. 말도 안 되는 이야기를 지껄이고 있어 무시해 보려 했지만 계속하고 있다. 어떻게 해야 할까?

가석방 기간 중인 당신의 연인이 직장 금고에서 수백 달러를 빼내어 마약 하는 데 쓴다. 직장 상사가 추궁하자 거짓말을 둘러댄다. 어떻게 해야 할까?

누군가 당신의 친형제를 살해했다는 말을 들었다. 몇 달 후 그 사람이 당신이 근무 중인 교도소에 구속된 것을 알게 되었다. 어떻게 해야 할까?

이러한 딜레마는 정의에 대한 의문을 불러일으킨다. 과연 **정의란 무엇인가?**

어떤 사람들은 정의는 고전적 방식으로 두들겨 패주거나, 똑같이 복수하거나, 감옥에 가두는 것으로 실현될 수 있다고 한다. 형사사법 시스템은 종종 이런 방식으로 대응한다. 이러한 시스템은 죄지은 사람은 마땅히 그에 상응하는 죗값을 치러야 한다는 것을 전제로 작동한다. 그러나 불행하게도 고전적 방식의 처벌은 결국 가해자와 피해자, 가해자 가족, 지역사회에까지 더 해로운 결과를 초래한다.

정의에 대한 질문에 회복적 사법은 다른 방식으로 답한다. 범죄란 사람들 사이의 관계를 파괴하는 것이라고 주장한다. 따라서 회복적 사법에서의 정의는 사람들 사이의 관계를 회복하고 재건하는 것으로 이룰 수 있다는 것이다. 수형자들은 회복적 사법에 대해 아래와 같이 이야기하고 있다.

- 사람들을 위하여, 사람들에 의해 깨져버린 관계와 잘못을 바로잡는 것이다.
- 비난하기보다 해결하려는 것이다.
- 상황을 직시하여 문제와 관련된 사람들이 서로 이해하고, 치유하며, 서로를 받아들일 수 있는 공간을 만들도록 돕는 것이다.
- 다른 사람들과 자신의 삶이 더 나아지도록 돕는 것이다.

회복적 사법이란 할머니로부터 배운 가치라고 말하는 사람들이 있다. 자신과 다른 사람을 존중하고 어지럽혀진 것을 정리하며 자신이 대접받고자 한다면 다른 사람을 똑같이 응대하라는 것이다.

회복적 사법의 접근방식은 전통적인 형사사법의 접근방식과 다르다. 양자 모두 **책임**accountability을 위해 노력하는 것은 분명하지만, 책임을 이해하는 접근방식에서 차이가 있다.

회복적 사법은 이해 관계자들의 요구needs를 다루고, 잘못을 바로잡는 것으로 '책임'을 이해한다. 책임이란 가해자를 처벌하는 데 집중하기보다는 피해자의 요구와 더불어 가해자와 그 가족, 지역사회의 의무와 요구에 초점을 두려고 한다.

회복적 철학은 피해자들이 겪은 피해와 이를 회복하기 위한 요구사항을 다루는 데서 시작한다. 가해자가 책임감을 느끼도록 돕는 것이 피해자 회복을 위한 첫걸음이다. 가해자가 피해자에 대한 의무를 인식하는 것이야말로 회복적 사법의 바탕을 이루는 것이다.

이에 더 나아가 회복적 사법은 가해자들의 복잡한 경험과 요구들에 관해서도 관심을 두고 대응하려고 한다. 범죄를 저지른 사람들, 특히 교도소 수형자들은 다음 사항들에 큰 관심을 두고 있다.

- 자기 자신이 피해를 보았던 경험
- 가해성향과 피해성향 양면에 대한 치유
- 자신의 요구를 논의하고 결정하는 과정에의 참여
- 자신의 가족들
- 범죄 예방, 재범 극복

회복적 사법을 이루기 위해서는 사람들과 관계들이 복구되어야

- 사회 정의, 개인 역량, 사회적 지위를 갖고 영향력을 발휘할 수 있는 능력
- 공식 프로그램이 아닌 일상생활에서 회복적 사법을 실천할 방법

회복적 사법은 이러한 많은 이슈를 다룬다. 이 책은 이 같은 영역에 속한 모든 것들을 논의하고자 한다. 구금된 경험이 없는 일반 독자들이 수형자를 위한 회복적 사법을 이해하는 데 이 책이 도움이 되리라 기대한다.

이 책에 대하여

이 책은 수형자와 그 가족을 위해 봉사하는 비영리단체인 펜실베이니아 교도소협회Pennsylvania Prison Society에서 필자가 진행한 회복적 사법 사역에서 비롯되었다.1) 이 책에는 회복적 사법 세미나에서 수형자들과 나눈 수년간의 대화가 담겨 있다. 세미나 커리큘럼은 남녀 수형자들과 대화하는 과정에서 그들의 시각과 관심을 담아내고자 하였다. 이 책은 교도소협회 세미나에서와 같은 방식으로 회복적 사법에 최대한 접근할 수 있도록 만들어졌다.

이 책의 목표는 두 가지다. 첫째, 독자들에게 회복적 사법의 실용적 지식을 제공하고 둘째, 철학적으로 공감하는 사람들을 위해 교도소는 물론 일상생활에서도 유용한 회복적 프로그램 또는 응

용방법을 제시하는 것이다.

이 두 가지 목표를 달성하기 위해 제2장부터 제4장까지 회복적 사법의 철학을 소개하고, 제5장부터 제9장까지 지역사회, 피해자, 가해자, 가해자 가족 등의 사법적 요구를 살펴보는 것으로 구성하였다. 제10장에서는 일반적인 회복적 실천들을 소개한다. 제11장과 제12장에서는 이와 같은 실천들이 교도소 내에서 어떻게 적용될 수 있을지 모색하고, 수형 기간에 활용할 만한 응용방법을 포함하여 삶의 한 방식으로써 회복적 사법을 소개한다.

이 책은 나의 스승이 되어 회복적 사법에 대한 이해의 폭을 넓혀준 수형자들의 통찰과 경험에서 비롯되었으며, 이러한 철학이 이들에게 의미 있고 희망찬 가능성을 제시하고 있음을 알게 되었다.

회복적 사법에서 다루는 책임감과 피해회복에 대해 어떤 이들은 "우리가 마음속으로 느끼는 것과 공감하는 것"이라고 말한다. 또 다른 이는 "잘못을 바로잡고 평화를 이루고자 하는 인간적 동기"라고 언급했다. '더 큰 선함과 개인적 성숙'을 위한 인생 여정의 일부분으로 회복적 사법을 이해하는 사람들도 있다. 이들은 피해자에게 배상하는 방법을 보다 적극적으로 모색하였다.

이 책에 서술된 관점에 대해 짚고 가는 것도 중요할 것이다. 나는 범죄 피해자나 가해자가 된 적이 없으므로 그들과 같은 시선을 가질 수 없다. 그러나 교도소 수형자들을 다루는 회복적 사법 실천전문가로서 훈련받았고, 피해자와 수형자 양측의 요구가 균형을 이루도록 주력해 왔다.

이 책에 등장하는 수형자들은 폭력범죄로 종신형을 받은 필라델피아 빈민가 출신 흑인이 대다수다. 그중 상당수는 교도소에 수용되기 전 어린 시절, 가난한 환경에서 제대로 교육을 받지 못했다. 따라서 기본적인 서술은 폭력적인 도심 길거리 범죄를 경험한 사람들의 틀framework에서 이루어지고 있다. 제한된 틀 안에서 모든 사람의 사례를 다룰 수 없었음을 밝힌다.

'가해자' 또는 '수형자'로서 각자 경험한 것은 그 자체로 독특하다. 그러한 경험은 빈부격차, 인종의 구분, 출신 지역, 연령대, 교육수준에 따라 달라진다. 그 외에도 범죄의 원인 또는 예방, 정의에 대한 관념에 따른 유의미한 요소들은 대단히 많다. 그러므로 이 책을 접한 특별하고 고유한 인생 경험을 가진 모든 이들에게 하나의 관점으로 수렴되기는 어렵다.

때때로 '수형자', '가해자', '피해자'라는 호칭labels을 사용한다. 그렇지만 이러한 용어들이 비인간적일 수 있고, 사람을 단순히 하나의 정체성으로 예단할 가능성이 있음을 지적하고 싶다. 인간이기에 우리는 상처를 주고받기도 하며, 피해자 또는 가해자가 될 가능성을 동시에 지니고 있다. 따라서 이러한 용어에는 함

1974년 어느 날 밤, 두 명의 청소년이 시내 곳곳을 활보하며 주택, 자동차, 상점 등 22곳을 파손한 사건이 발생했다. 판사는 보호 관찰관의 요청으로 두 사람에게 피해자들과 만날 것을 결정하였다. 두 사람은 피해자들의 집을 일일이 찾아다니며 자신들이 누구인지 밝히고, 피해를 어떻게 배상하면 좋을지 물었다. 피해자 중에는 한 대 때려주고 싶어 한 사람도 있었고, 차를 함께 마시자고 제안한 사람도 있었다. 3개월이 되지 않아 두 사람은 모든 피해자에게 피해배상을 했다. 이는 법원의 결정에 따라 피해-가해자 대면 조정에 참여한 첫 사례로 기록되었다.

십여 년이 지나 가해자 중 한 명이었던 캘리 러셀Kelly Russell은 지역 대학에서 법과 보안을 공부하고 있었다. 어느 날 그는 공동체 사법센터에서 열린 강연에서 회복적 사법 운동을 촉발한 지역 모범사례를 듣게 되었고, 자신의 범죄로 인한 경험이 새로운 사법의 계기가 되었음을 비로소 알게 되었다. 그 후 캘리 러셀은 회복적 사법 프로그램의 자원봉사 조정자가 되었다.[2]

정이 있다. 그럼에도 어떤 사람의 특정한 성향이나 행위를 이해하는 데 사용된다면 어느 정도 가치가 있다고 본다. 예컨대 어떤 잘못된 상황에서 '이해관계stake'에 얽힌 사람들을 특정하는 방법을 알려준다. 더욱이 어떤 사람이 '가해자'임을 인정하는 것은 책임을 향해 한 걸음 나아가는 것이다. 그래서 이러한 호칭의 한계와 위험성을 충분히 인식하면서 사용하고자 한다.

이 책을 어떻게 활용할 것인가?

이 책은 견본집 또는 '예고편teaser'에 불과하다. 책 속에서 찾을 수 있는 해답보다 질문이 더 많을 수도 있다. 나는 이런 질문과 논의, 비평들이 회복적 사법에 대해 더 많이 배울 기회를 제공하리라 기대한다.

각 장의 서두에 제시된 사례 학습은 실무현장에서 회복적 사법의 실제적 본보기를 제공한다. 몇몇 이야기들은 일반적인 회복적 실무들을 말해주기도 하고, 회복적 사법의 가치를 독특하게 적용하는 방법을 반영한 것도 있다. 심지어 회복적 사법 실행에 대한 거부감을 드러내고 있는 경우도 일부 있다. 이 모든 것들이 독자 여러분이 어떤 방식으로 회복적 사법에 참여할 수 있는지에 대한 아이디어를 촉진하는 데 이바지할 것을 믿는다.

나아가 각 장은 일상적 부분에서 학문적 분야까지 아우르는 다양한 주제에 관한 발상과 논의에 기름을 부을 것이다. 또한, 다음 질문들은 그와 관련된 여러분의 고찰에 도움을 줄 것이다.

1. 내 개인적 경험에 비추어 이 장은 나에게 어떤 의미가 있는가?
2. 관련된 개념을 실제 삶 속에서 어떻게 바라보았고 경험했는가?
3. 어떤 점에 동의하는가? 그 이유는?

4. 어떤 점에 동의하지 않는가? 그 이유는?

5. 회복적 사법을 교도소에서 적용하면 어떤 유익과 위험
   이 있는가?

6. 관련 개념을 삶에 적용하려면 어떻게 해야 하는가?

마지막 두 장은 교도소 안과 밖에서 각각 정의를 실천하기 위한 제안을 포함하고 있다. 이러한 제안의 상당수는 교도소 내 남녀 수형자들에게서 나왔다. 다양한 환경에서 회복적 사법을 어떻게 적용할 수 있을까 고민하는 독자 여러분께 도움이 될 것이다.

이 책의 활용법은 다양하다. 혼자 읽어볼 수도 있고 그룹 토의의 교재 또는 현재 진행 중인 교도소 내 프로그램에 활용할 수도 있는데, 이 경우 수형자 가족이나 교도소 직원들과 함께 읽는 것도 가능하다.

이 책이 어려운 이슈들을 제기할 수도 있다. 여러분이 범죄 피해자일 수도 있고 가족관계에서 갈등을 겪고 있거나 죄책감 혹은 수치심을 겪고 있을 수도 있다. 그렇다면 당신의 감정을 살펴보고 치유방법을 찾을 수 있기를 바란다. 이를 극복하려는 방편으로 그림을 그리거나 글을 쓰거나 친구와의 대화에 심취하는 사람들도 있다.

여러분이 회복적 사법으로 가는 길에서 토론과 책임, 치유의 여정을 시작하거나 이어가는데 이 책이 도움이 되기를 바란다.

2. 관계의 그물망

늦은 1월의 어느 저녁, 십 대 소년 토니Tony는 피자 배달부 타
리크 카미사Tariq Khamisa라는 청년을 총으로 살해했다. 타리
크의 아버지 아짐 카미사Azim Khamisa는 깊은 슬픔에 직면했
지만, 아들 타리크의 이름을 기리고자 의미 있는 일을 고민했
다. 그는 토니의 할아버지 플레스 펠릭스Ples Pelix를 찾아갔고,
두 사람은 청소년 폭력 예방 활동을 벌이는 단체를 설립했다.
펠릭스 씨는 "우리는 서로의 치유를 위해 도움을 줄 수 있을
뿐만 아니라 알지 못하는 사람들의 치유에도 이바지할 수 있
는 잠재력을 가졌다는 것을 깨달았다."라고 말한다.3)

카미사와 펠릭스의 경험은 모든 사람이 서로 연결되어 있음을
의미한다. 고통과 치유는 모두 나눌 수 있다는 공통점이 있다. 회
복적 사법은 이같이 관계의 연결을 공유하며 성장한다. 그 철학
을 더 자세히 살펴보기에 앞서 이 장에서는 사람들 사이의 강력한
연결의 중요성과 깨어진 관계의 영향implication에 대해 소개한다.

연결

당신이 원형으로 배열된 의자에 앉아있다고 상상해보자. 한 사

람씩 차례로 당신과 가까운 사람들이 옆에 앉는다. 가족, 친구, 동료, 교도소 직원, 당신의 신앙 공동체 일원도 자리를 잡는다. 당신의 삶에 관여되어 있지만 그리 가깝지 않은 다른 사람들도 참여한다.

식물, 동물, 공기, 물과 같은 자연 요소도 이 서클에 들어온다. 당신 삶의 과거와 현재를 스쳐 간 모든 사람과 구성 요소들로 자리가 다 채워진다. 이제 그물망을 만들기 위해 열십자 모양으로 끈을 엮어 각각의 사람들과 구성 요소들을 연결해 보자. 인간의 삶은 이런 관계의 그물망으로부터 성장한다.

타인과 강한 연결을 통해 개인은 안전, 사랑, 자존감, 위안, 음식과 안식처에 대한 기본적 욕구를 충족한다. **모든 사람**은 강한 그물망 안에서 존엄과 힘의 접근성과 의미 있는 인생을 누릴 권리가 **동등하다**. 그 누구도 다른 사람보다 우월하지 않다. '우리'나 '그들'이라는 말은 존재하지 않는다.

그러면서도 **개개인은 각자 특별하다**. 관계는 이야기를 만들어내고 각자의 정체성을 만들어낸다. 가족과 친구, 문화와 종교적 가르침, 나아가 정치적, 경제적 정책들은 내가 누구인지, 어떻게 행동해야 하는지, 어떤 사람이 될 수 있는지 가르쳐준다. 각자의 **관계가 개인으로서 서로에게 영향을 미치기 때문에**, 그물망은 각자가 누구인지를 보여주는 '큰 그림'이 된다. 따라서 어떤 사람을 이해하기 위해서는 먼저 그 사람의 관계를 이해해야 한다.

한편, 개인은 관계들에 영향을 미친다. 한 사람이 행복할 때, 그 즐거움은 그물망을 통해 공유된다. 한 사람이 다른 사람을 존중하면 모든 사람이 존중을 경험하게 된다.

같은 원리가 고통의 전달에도 적용된다. 어느 한 사람이 다른 사람을 다치게 하면 연결은 단절된다. 이런 일이 벌어지면 그물망으로 공유된 의지가 작동하여 관계를 복구하도록 요구한다. 각각의 개인이 관계를 구축하고 복구하는 과정에서 그물망은 끊임없이 움직이고 재배치된다.

강한 관계의 그물망은 우리의 삶에 더욱 깊은 의미와 강력한 목표를 부여해 준다. 우리는 살아가는 데 필요한 것을 서로 주고받기 때문에 우리의 잠재력을 최대한 발휘하며 살아갈 수 있는 것이다.

단절

관계는 우리를 형성하고 지원하기도 하지만 고통을 일으키기도 한다. 가족, 친구, 타인들은 종종 우리를 힘들게 하거나 깔아뭉개고 무시하기도 한다. 물론 우리도 의도적이든 아니든 똑같이 행동한다. 이렇게 단절된 관계를 제대로 돌보지 않는다면 그물망은 뒤틀어지고 균형을 잃게 된다.

개인적 관계든 사회적 관계든 불평등할 수 있다. 어떤 사람들은 다른 사람의 희생을 대가로 자신의 행복을 쟁취한다. 착하다고 평가받는 사람이 있는가 하면 그저 나쁜 사람으로 불리는 사람도 있다. 높은 가치로 인정받는 사람이 있지만 가치가 없다고 여겨져 내팽개쳐진 사람도 있다.

현실에서 이러한 예를 찾기는 어렵지 않다. 백인은 유색인종보다 더 많은 권한을 가지는 경향이 있다. 남성은 여성보다 더 가치 있고, 부유한 자는 가난한 자보다 더 큰 정치적 영향력을 가지며, 자유로운 사람은 구금된 자보다 더 가치 있다고 평가받는다. 이런 불평등은 가정, 학교, 직장, 정부 등에서도 같이 나타난다.

이처럼 부정당한 그물망 속에 존재하는 사람들은 그 역기능으로 자신의 일부를 잃어버린다. 단절된 관계에서는 자기 삶의 목적을 실현하기 어렵다. 서로 지켜야 할 책임을 등한시하게 된다. 개개인은 고립되고 간혹 세상을 향하여 투쟁을 벌인다. 한 사람이 느낀 이러한 부정적 경험은 그물망을 타고 모두에게 전파된다.

그물망의 이미지는 우리 삶의 불균형이 다른 사람에게 어떤 영향을 미치는지, 마찬가지로 다른 사람의 불균형이 우리에게 어떤 영향을 끼치는지 이해하는 데 도움을 준다. 또한, 이상적인 공동체에서 공생할 방법에 대한 비전을 제공한다. 회복적 사법은 공

동체의 그물망을 공고히 하는 것을 목표로 하고 있으며 그러한 과
정에서 개인의 요구들을 충족하고자 한다.

3. 범죄와 형사사법

지역사회 주민들은 성범죄자 일시보호시설Transition House이 그들 마을에 문을 연다는 소식을 들었다. 반대를 예상한 한 시민이 서클 토론회를 제안하였다. 약 70명의 지역 주민들과 보호시설 거주자가 참석하였다. 한 아이의 이야기를 시작으로 서클 참여자들은 그들이 다른 사람으로부터 상처받았거나, 잘못된 행동을 했거나, 자존감이 상했던 경험들을 이야기하였다.

그들의 대화는 차츰 마을에 보호시설이 들어서는 것에 대한 우려로 옮겨갔다. 일부 주민들은 자신들이 성적 학대를 받은 경험을 고백하였다. 몇몇 범죄자들은 자신들의 죄에 대해 변명하지 않고, 자신의 비슷한 경험을 이야기하였다. 서클 토론회는 결국 이 보호시설을 받아들이기로 하였을 뿐만 아니라 토론회에 참가하지 않은 모든 사람이 받아들일 수 있는 계획을 함께 수립하였다. 보호시설에 새로 입주하는 모든 사람에게 마을 주변을 소개해 주었다. 수개월이 지난 후 시청에서 보호시설 이전 결정을 하자 지역민들은 이 시설을 지키고자 강하게 반대하였다.4)

깨지고 불평등한 그물망을 살펴보는 것은 범죄와 형사사법을 이해하는 한 가지 방법이다. 물론 개인의 기질nature도 범죄에 영향을 미치는 또 다른 요소이다. 이 장에서는 사람들 사이의 단절과 이러한 단절이 범죄와 형사사법에 미치는 영향에 대해 살펴보고자 한다.

단절과 범죄

범죄의 원인은 사람마다 다르다. 다만 **'범죄는 우리의 관계에 뭔가 잘못이 있다'** 라는 신호sign라는 점에서는 같다. 범죄는 왜곡된 세상에서 발생한다.

교도소 수형자들이 "내 인생에서 가장 잘 나갈 때였지", "사람들이 날 우러러봤어", "너희들이 날 함부로 건드릴 수 없다는 걸 증명해야 했어"라며 범죄에 관해 토로하는 이야기를 들어왔다. 나로서는 이런 진술들이 마치 존중, 권한, 자존감에 대한 그들의 욕구를 반영하는 것으로 들렸다. 이 같은 표현을 하는 사람들은 대체로 이런 욕구를 충족시킬 '적법한' 주류적 대안을 갖고 있지 못했다. 그래서 그들은 범죄를 선택했다. 그들의 말은 자신의 범죄를 정당화하지 못하고 오히려 범죄를 선택한 개인을 이해할 수 있는 실마리를 제공한다.

범죄는 스스로 정의를 이루려는 시도로 보일 수 있다

화이트칼라 범죄나 기업범죄를 저지른 사람들도 존중, 권한, 가치를 추구할 것이다.

이런 범죄를 저지르는 사람들은 상대적으로 높은 능력과 가치의 주류에 머물러 있음에도 기존의 힘을 비축하고, 나아가 더 큰 권한과 더 많은 부를 갈망한다. 이들에게 범죄란 다른 사람들이 희생을 치르더라도 자신의 소유를 보호하고 더 많이 축적하는 하나의 방법이 될 수 있다.

깨어진 그물망에서는 두 가지 유형의 범죄가 발생한다. 한 그룹은 잃어버렸거나 거절된 것을 갖고자 노력하는 반면, 다른 그룹은 소유한 것을 지키거나 더 갖고자 노력한다. 두 그룹 모두에게 있어 범죄란 자신을 위하여 정의를 얻고자 하고,5) '받아 마땅한' 것을 얻기 위한 정당한 시도로서 나타날 수 있다.

그러나 이러한 정의는 잘못된 것이다. 정의에 입각한 관계를 구축하지 못하고 오히려 범죄를 저지르는 개인이 그물망을 더 파괴하는 것이며 서로의 고통을 고통으로 맞바꾸는 꼴이다. 범죄를 경험하는 사람들, 예컨대 피해자, 가해자 가족, 공동체의 다른 사람들은 심한 박탈감과 모멸감을 느낀다. 삶이 두렵고 무기력해지며 범죄의 경험 이후 자신과 세상을 다른 눈으로 보게 된다. 그들 자신은 물론 그들 간의 관계 또한 달라진다. 어떤 사람들은 이러한 고통을 다른 사람에게 범죄를 저질러 해소하기도 하고, 또 다른 사람들은 더 커진 고통에 상응할 수 있는 무언가를 찾아 나서기도 한다.

정의롭지 못한 세상을 향한 부적절한 대응은 불공평한 지역사회를 만들게 된다. 나는 매일 일상처럼 벌어지는 길거리 '전쟁', 그로 인한 사상자들 그리고 외상 후 길거리 증후군에 대한 수형자들의 이야기를 들었고, 성실한 노동자가 기업의 탐욕과 권력으로 인해 퇴직금을 잃는 것을 지켜보고 있다. 모두 더 큰 단절을 초래하는 '범죄 문화'다.

단절과 형사사법

형사사법 시스템은 결과적으로 범죄와 유사한 후유증을 초래한다. 깨어진 그물망을 고치기보다는 더 훼손한다. 형사사법 시스템은 기본적으로 다음 세 가지 질문에 답하도록 구성되어 있다.[6]

1. 어떤 법에 위반되었나?
2. 누가 그랬나?
3. 어떤 벌을 받아야 마땅한가?

이러한 질문은 가해자에게 '마땅한 처벌'을 가하는 데 초점을 맞추고 있다. 이 시스템에 죄를 범한 사람에 대한 존중이란 거의 없다. 시스템에 들어온 '가해자'는 비난과 고통, 형벌 외에는 그 무엇도 더 받을 자격이 없는 악하고 무가치한 존재로 여겨진다.

미국의 교도소와 구치감jails에 200만 명 이상이 수용된 것만 보더라도 형벌은 대개 구금형incarceration이다. 특히 피해자에 대한 의미 있는 책임을 부여하거나 개인적 치유 또는 교화성숙의 기회는 거의 제공되지 않는다. 이러한 사법적 접근방식은 관계의 단절과 그물망 훼손을 가중할 뿐이다. 어떤 점에서 보면 형사사법은 범죄 그 자체와 같은 가치로 나타나는 것일 수도 있다. 즉, 사람들에게 '자업자득'이 무엇인지 확인해주고, '상응하는 벌'을 감수하게 하려는 노력을 말하기 때문이다.

가해자 처벌에 초점이 집중된 형사사법 시스템은 범죄에 의해 큰 피해를 본 피해자, 가해자 가족이나 지역사회를 간과한다. 피해자는 사법절차 과정에서 배제되고, 국가가 피해자의 의사와 무관하게 피해자의 역할을 대신하고 있다. 이는 형사사건 당사자 표시를 '국가 대 가해자 ◯◯◯ The State vs. Joe/Jane Offender'로 표기하는 방식에서도 알 수 있다.

범죄는 공공의 이익을 침해하는 것이므로 피해자는 사법절차 내에서 범죄행위에 관한 것은 물론 정의가 자신들에게 의미하는 것이 무엇인지 피력할 기회조차 부여받기 힘들다. 이 시스템은 가해자에게 판결이 나거나 간혹 그 전이라도 공식적인 피해자였던 국가의 흔적을 지워버린다. 이런 사법절차는 정작 범죄로 인해 상처를 입은 피해자의 인간성을 부인한다.

형사사법은 사람들과 그들의 요구를 존중하지 않는 경우가 많다

가해자의 가족들 또한 범죄로 인한 충격을 경험한다. 그렇지만 이들 역시 사법절차에서 배제되기는 마찬가지다. 형사사법 시스템은 남겨진 가족이 겪게 되는 어려움에 관심을 두지 않는다. 또한, 구금된 가족 구성원을 지원하고 도움을 주는 기회조차 그 가족들에게 충분히 제공하지 않는다. 구금된 수형자들은 그들의 가족들에게 피해배상에 나서도록 부탁할 수 있는 길이 없다. 가해자인 가족을 대신하여 다른 가족 구성원이 피해배상을 할 수 있는 공식적인 방법 또한 없기 때문이다. 이들은 사법절차와 무관한 사람들로 간주하기 때문에 사법으로부터, 사랑하는 사람으로부터, 지역사회로부터도 단절되는 것이다.

또한, 사법절차는 공동체 또한 배제한다. 공동체는 범죄란 개인적이면서 관계적인 방식이라고 체감하고 있다. 공동체는 가해자와 피해자 모두에게 기득권을 가지고 있지만, 사법절차 과정에서 범죄의 영향에 대한 견해를 밝힐 수 없다. 또한, 피해자와 가해자를 지지할 수 있는 논의의 주체로서 초대받지 못할 뿐만 아니라 공동체가 범죄의 원인을 살펴보기를 권장하지도 않는다. 나아가 공동체 구성원들이 형사사법 당사자에 대해 알 수 있는 정보가 최소한으로 제한되어 있으므로 피해자, 가해자, 그리고 가해자 가족에 대해 매우 단순한 고정관념을 가지게 된다. 이렇게 사법절차 과정에서 발언권이 없는 방청객에 불과한 공동체는 깨어진 채로 방치된다.

형사사법 절차는 범죄의 인간적인human 경험들을 수용하지 않기 때문에 가해자, 피해자, 가해자 가족이나 공동체를 존중하지 않는다. 이는 왜곡된 그물망의 한 양상이며, 사람들의 삶을 만들어가는 '큰 그림'을 무시하는 것과 같다.

형사사법은 명확한 승자와 패자를 가르는 일종의 권력 다툼이다. 권력이 큰 사람판사나 부유한 자도 있고, 권력이 적거나 없는 사람피해자, 범죄자, 그리고 가난한 자도 있다. 문제는 권력을 가진 사람들이 그 반대에 있는 사람들을 대신해서 모든 판단을 내린다는 것이다.

이러한 형사사법 시스템은 보통 지나치게 단순화된 '두루 적용되는one-size-fits-all' 방식의 판결로 귀결된다. 이러한 판결들은 변화와 치유를 촉진하지 못할 뿐만 아니라 개인, 관계들 그리고 공동체를 깨어진 채로 남겨둔다. 반면에 진정한 사법은 절차 내에서 사람들의 경험과 관계를 존중하고, 더 나아지도록 노력하는 방식으로 다양한 구성원들이 사법절차에 동참할 것을 요구한다.

4. 회복적 사법

1,400여 명의 교도소 수형자들이 넋을 잃고 앉아서 20여 명쯤 되는 폭력범죄 피해자들의 격앙된 연기를 지켜보고 있었다. 몸부림A Body in Motion이라는 제목의 연극이었다. 연극이 끝나고 관객들의 소감을 듣는 시간이 되었다. 자신이 저지른 범죄를 후회하는 이들도 있었고, 스스로 피해자화victimization 하여 살해당한 아이 또는 학대 부모에 대해 토로하는 이들도 있었다. 하나같이 다른 사람에게 책임과 치유의 메시지를 전달하고 싶어 하였다.

이 사례는 어느 수형자 그룹이 일회성 공연을 요청하면서 시작되었다. 공연은 독특한 협동작업으로 이루어졌다. 수형자와 범죄자 피해자 지원단체, 지역 종교단체, 교도소 직원 등의 지원과 관련 기금의 조성을 통해 8개 교도소와 7개 지역사회를 거치는 공연으로 확대된 것이다. 다양한 동반자 그룹은 이 공연에서 놀라운 결과를 끌어냈다. 가해자와 공동체가 겪은 경험을 인정해 주는 것과 함께 범죄 피해자들을 세상 밖으로 드러나게 해준 것이다.7)

회복적 사법은 **사람들**을 사법절차 안으로 다시 끌어들이면서 관계의 그물망을 재건한다. 그리고 사람들, 관계들, 사회 사이에

전반적인 변화와 치유를 증진한다.

나는 회복적 사법을 이처럼 정의한다.

회복적 사법은 범죄로부터 영향을 받은 사람들 – 피해자, 가해자, 그들의 가족이나 공동체 – 을 자발적으로 참여시켜 올바른 사법절차를 달성하려는 방법이다. 그 목적은 개인을 존중하고, 깨어진 관계를 바로잡고 회복시켜서 공동선共同善, common good8)에 이바지하는 것이다.

회복적 질문과 가정(assumptions)

회복적 사법이란 '요구(needs)를 기반'으로 한 사법으로 설명할 수 있다. '상응한 응보deserts를 기반'으로 한 형사사법 시스템과 달리 회복적 사법은 이런 질문을 한다.

1. 누가 상처를 입었는가?
2. 그 사람은 무엇을 요구하는가?
3. 그 요구를 충족하기 위해 누가 관여해야 하는가?
4. 피해를 회복하고 그 요구를 충족하기 위한 가장 좋은 방법은 무엇인가?

이 질문들은 가장 먼저 피해자에게 해야 하지만 사법은 다른 참여자–가해자와 그 가족, 공동체–에게도 똑같은 질문을 던진다.

이 질문들의 답은 누가 대신해 줄 수 없다. 또한, 이 질문들은 범죄의 **원인**과 **영향**에도 적용된다.

이 질문들은 다음과 같은 **회복적 신념**을 전해주고 있다.

- 모든 사람은 중요하다.
- 누구나 존중하고, 귀 기울이며, 이해해야 한다.
- 누구나 정당하게 대우받을 가치가 있다.
- 누구나 자신의 요구가 충족된다면 변화와 치유를 할 수 있다.
- 사법은 사람들과 관계를 변화시키고 치유하는 책임을 감당해야 한다.
- 사람들이 함께 사법을 만들어간다.

사법 정의란 더는 신속하고 독단적이며 응보적인 판결만을 의미하지 않는다. 회복적 사법은 가해자 개개인의 요구를 전반적으로 이해할 수 있도록 사려 깊게 심사숙고할 것을 요구한다. 이와 같은 사법 유형의 실현을 위해서는 큰 노력이 필요하겠지만 결과적으로 의미 있는 책임과 장기적인 치유를 끌어낸다.

회복적 사법의 핵심 요소

피해와 **책임**에 초점을 두고 있는 회복적 사법은 앞서 언급한 것처럼 관계의 그물망에 기반한다. 회복적 사법은 피해자와 공동체

회복적 사법은 개인적, 사회적 치유를 향한 통로이다

가 범죄로 인해 어떤 피해를 보았는지, 가해자와 그 가족에게 어떤 영향을 미쳤는지에 집중한다. 그리고 그 피해와 충격이 외부로 드러나면 범죄를 해결하기 위해 무엇이 필요한지 탐색하기 시작한다. 범죄에 대한 책임감과 손해배상의 필요성을 탐색하는 것은 매우 핵심적인 과정이다.

회복적 사법은 사법절차의 당사자를 '사법 활동doing justice'에 적극적으로 참여시킨다. 회복적 사법에서의 피해자는 자신의 요구사항을 결정하는 과정에서 능동적인 발언권을 가진다. 가해자는 더는 사법의 '수취인recipient'이 아니다. 그들은 범죄를 이해하고자 노력하고 어떻게 책임질 것인지를 결정하는 주체가 된다. 물론 그들의 가족과 지역 공동체에도 주어진 역할이 있다. 적극적인 **참여**를 통해 각 당사자의 다양한 요구에 훌륭하게 대처할 수 있게 되는 것이다.

다음에서 보는 것처럼 일부 회복적 사법 프로그램은 가해자와 피해자가 서로 만나서 대화할 수 있도록 허용한다. 하지만 모든 회복적 사법 프로그램이 피해자와 가해자의 만남을 가정하지는 않는다. 피해자 또는 가해자 한쪽이 참석하는 것은 상대편의 참가에 반대하지 않는다는 것을 의미한다. 이 사법절차는 모든 사람을 참여시키고 수용할 수 있도록 확장된다.

회복적 사법은 참여자들을 회복하고 **치유**하고자 노력하며, 책임에 대한 응징에 초점을 두기보다 사람들과 관계들을 재건하는 것에 집중한다. 여기에서 사법이란 '잘못을 바로잡는 과정making things right' 이다. 치유를 향한 이 같은 여정은 사법 참여자들에게 '해롭지 않게 하기'를 약속하면서 전개된다. 그 결과 사법은 관계의 그물망을 더욱 결속력 있게 재건한다.

회복적 가치들

회복적 사법은 건강한 관계의 그물망을 구축하는 핵심적 가치에 기반하고 있다. 4가지 핵심가치는 **존중, 돌봄, 신뢰,** 그리고 **겸손**이다.

존중에 기반을 둔 사법 시스템은 책임과 회복, 그리고 치유에 대한 요구를 인식한다. 존중은 범죄의 영향을 받은 모든 사람의 경험을 경청하고 공감하는 것에서부터 시작된다. 모든 사람을 존엄하고 높은 가치를 가진 존재로 대우한다. 따라서 존중적 시스템은 사람들이 자신과 관련된 사법적 요구를 표명하도록 도와줄 뿐만 아니라 적절한 사법적 대응을 펴나가도록 지지한다.

회복적 사법절차가 개인적 책임accountability과 상호 책임responsibility 9) 모두에 집중할 때 **돌봄**care의 역할을 수행하게 된다. 범죄로 인해 충격을 받은 모든 사람의 마음속에 따뜻한 인간애를 심어줄 수 있게 되는 것이다. 이 같은 사법은 누구에게도 '해를 가하지 않도록' 노력하며 최선의 결과가 도출되기를 원한다. 사람들의 요구가 충족될 때 성숙과 치유가 가능하다고 믿는 돌봄 시스템은 실제 그것이 이루어지도록 작동한다.

신뢰할 수 있는 사법 시스템은 책임과 치유를 목표에 두고 공동선을 촉진한다. 이러한 사법은 개방적이면서 정직하게 작동하며 일관성, 신뢰성, 안정성을 높이 평가한다. 또한, 사법 참여자들이 사법적 대응을 형성하는 과정에서 권한의 균형이 유지되고 공유될 수 있도록 설계된다.

회복적 사법에 참여하면서 **겸손**은 중요하게 요구되는 가치이다. 겸손한 사법 시스템은 모든 문제에 대한 해답이 있다고 전제하지 않는다. 범죄의 영향을 받은 모든 사람의 처지를 이해하고 그들로부터 배우고자 한다. 바로 그들이 범죄와 관련된 경험은 물론 최선의 요구를 정확히 파악하고 있음을 인정한다. 나아가 겸손한 사법절차는 사람들을 참여하게 하고, 함께 일을 도모하거나 협력할 수 있도록 지원한다. 또한, 개개인이 서로 달라서 생기는 불가피한 질문, 불확실성과 복잡함을 포용하고 이를 해소하기 위한

회복적 가치들
- 존중
- 돌봄
- 신뢰
- 겸손

공간까지 창출한다.

　물론 완전한 형태의 회복적 사법 시스템이 가능하다거나 범죄로 영향을 받은 모든 당사자가 회복적 절차에 다 참여하기를 기대할 수는 없을 것이다. 그러나 회복적 사법의 철학과 실제 적용 사례는 범죄로부터 또는 형사사법 시스템 자체로부터 충격을 입은 사람들을 변화시킬 수 있음을 입증하고 있다. 이 책 곳곳에 소개된 사례 연구들은 자칫 사소해 보이는 회복적 사법의 적용이 종국에는 나비효과를 불러일으킬 수 있음을 확인시켜준다.

　회복적 사법은 개개인을 회복시키거나 관계를 복원하며 공동선을 촉진하고자 노력하는 사법적 대응을 제공한다. 이 철학은 범죄의 피해와 원인을 모두 들여다보며 피해자, 가해자, 그 가족과 공동체를 위해 '잘못을 바로잡는 과정'으로서의 사법을 추구한다. 다음 장에서는 각 사법 참여자들의 눈을 통해 각자의 요구와 '잘못을 바로잡는 과정'의 의미를 살펴본다. 먼저 공동체부터 시작해보자.

5. 공동체의 재연결

캐나다 북부지역 원주민 공동체 할로워터Hollow Water는 어린 자녀들의 삶에 얼룩진 약물 남용, 자살, 폭력 문제를 해결하기 위해 고군분투하고 있었다. 이런 문제들은 공동체에 만연한 세대 간 성적 학대, 가정폭력과 약물 남용에서 시작되었다. 그러나 거슬러 올라가면 최초의 백인 이주민들의 신체적 폭력과 문화적 파괴가 이 문제의 발단이었다.

할로워터 주민들은 지난 수년간 아무런 변화도 없이 출소한 가해자들과 같은 기간 침묵 속에 고통받아 온 피해자들을 모두 지켜봐 왔다. 그들은 공동체 차원에서 직접 '사법을 실행'하기로 하였다. 자발적 참여로 구성된 새로운 공동체 프로그램에서 가해자들은 자신의 행위에 대한 책임을 인정할 수 있도록 동기를 부여 받았다. 한편 자신들이 겪은 아픈 경험에 관해 이야기할 수 있게 피해자들을 격려하였으며, 잃어버린 전통과 가르침을 있는 그대로 포용하였다. 시간이 흘러 마침내 그들은 모두가 함께 '치유의 길'을 걷는 공동체로 거듭날 수 있었다.10)

개인의 치유는 공동체의 건강에 영향을 미친다. 회복적 사법의 '회복'을 두고 범죄 발생 이전으로 다시 돌아가는 것이라고 설명하는 사람들도 있다. 할로워터의 사례에서 '회복'은 공동체와 구

회복적 사법은 과거로 돌아가는 것이 아니라 미래로 진행하는 것이다

성원들이 모두 치유되어 함께 **앞으로** 나아갈 수 있는 상태가 되는 것임을 시사하고 있다. 회복적 사법은 강한 개인들의 결속이 강한 공동체로 가는 과정임을 가리킨다. 이 때문에 개인의 사법적 요구에 앞서 공동체의 사법적 요구를 먼저 살펴보려 한다.

'공동체'란 무엇인가? 일반적으로 돌봄 공동체와 넓은 의미의 공동체 두 가지 유형이 있다. **돌봄 공동체**는 개인적 차원에서 우리가 아끼고, 우리를 아껴주는 사람들을 말하는데 흔히 가족과 친구들이 여기에 속한다. **넓은 공동체**는 지리적 또는 사교적 관계를 말하는데 이웃, 도시, 사교 또는 취미 클럽, 종교 또는 종족 단체 등이 해당한다.

범죄는 어떠한 형태로든 두 공동체에 영향을 주고, 두 공동체도 범죄를 일으키는 데 원인을 제공할 수 있다. 그러나 현행 형사 사법 시스템은 두 공동체를 '방관자' 이상으로 인정하지 않으며 외면한다.

범죄가 피해자와 가해자에게 미치는 개인적 영향을 이해하지 못하는 공동체 구성원들은 피해자와 가해자를 치유와 책임이 필요한 사람으로 보지 못하고, 지나치게 단순화된 부정적 고정관념을 형성한다. 그리하여 개인을 지지하고 관계를 복구하며 공동체 구성원으로서 치유 받을 기회를 자칫 잃어버리게 된다.

공동체는 '가해자'도 '피해자'도 될 수 있다. 범죄 피해를 복구해야 할 의무가 부여되기도 하고 때에 따라 그 피해를 보상받는 처지가 될 수도 있다. 가해자와 피해자의 돌봄 공동체는 다른 장에서 살펴보기로 하고, 이 장에서는 넓은 공동체의 6가지 사법적 요구를 집중적으로 살펴보겠다.

공동체의 사법적 요구

생기 넘치고 건강한 숲을 상상해보자. 숲은 다양한 동식물에 생명의 터전이 되어준다. 그러나 적절한 양의 공기, 물, 불이 없다면 어떤 종은 멸종되고 또 다른 종은 개체 수가 폭증할 수도 있다. 생태계의 균형에 있어서 특정 개체의 변화는 다른 모든 생명체를 둘러싼 환경을 바꾸는 인자가 될 수 있다. 그렇게 무너진 생태계의 건강한 균형을 회복하기까지 수백 년은 아니더라도 수십 년이 걸릴 수 있다.

공동체는 숲과 같이 섬세한 생태계다. 존중과 평등이 적절히 혼합된 건강한 공동체는 그 안에서 살아가는 모든 사람에게 생명력을 불어넣어 준다. 그러나 그 균형이 깨지면 어떤 사람들이 번영을 누릴 때 다른 누군가는 그렇지 못할 수도 있다. 단 하나의 범죄가 수년간 공동체에 영향을 미치기도 한다. 생태계에 비유한다고 해서 환경이 사람들의 행위에 영향을 미치는 유일한 요소는 아니다. 인간은 타인에게 어떻게 행동해야 하는지 판단하는 인성과 본성을 가지고 있다.

공동체는 관계의 그물망 안에서 균형을 회복하기 위해 필요불가결한 공동체만의 사법적 요구를 가진다. 심지어 직접적인 영향이 없어도 공동체 구성원들은 마치 개인적 범죄 피해자와 비슷한 방식으로 느끼고 반응한다. 사람들은 다른 집에 강도가 들면 문과 창문에 견고한 자물쇠를 달고 타인을 의심하며 두려워하게 된다. 또한, 폭행이나 살해당한 사람들과 함께 비통해하고, 자신이나 사랑하는 사람에게도 같은 일이 일어날까 봐 걱정한다. 피해를 본 타인의 얼굴에서 자신을 발견하는 것이다.

그 결과 공동체는 **범죄의 충격을 받은 그룹으로서 그들이 표명하는 요구에 관심을 기울여 주기를** 원하게 된다. 이는 개인적인 것과 집합적인 것의 이중적 구조로 나타난다. 범죄 피해자의 친구, 이웃, 직장동료 등과 같이 물리적 또는 정서적으로 범죄와 밀접한 사람들은 개별적, 개인적인 관심이 필요하다.

집합적 대응은 범죄에서 멀리 떨어져 있지만, 여전히 범죄의 영향을 받는 그룹에게 해당한다. 예컨대 마약상은 겉으로는 누구에게도 해를 끼치지 않는 것처럼 보이지만 주민들이나 지역사회에서는 개인적 두려움과 함께 지역사회의 퇴락을 경험하게 된다. 범죄로 인한 사회적, 재정적 비용을 명확하게 계산하기 어렵지만 이런 영향을 다루기 위해서 집합적 대응이 필요하다.

범죄란 무언가 잘못되었다는 방증이므로 공동체는 **가해자와 가족들의 관계를 유지해야 할** 의무가 있다. 공동체는 가해자와 그 가족이 가치 있는 구성원으로서 그물망 안에 계속 남을 수 있도록 해야 하고, 치유와 타인에 대한 책임이라는 사법적 요구를 충족할 수 있도록 도와주어야 한다. 이와 같은 일련의 과정에서 공동체와 가해자는 서로에 대한 상호적 책임을 발견하게 된다.

또한, 공동체는 **피해자와 그 가족과의 관계를 유지할** 의무가 있다. 피해자를 외면하는 것은 범죄로 입은 모욕에 또다시 고통을 얻는 격이다. 가해자와 같이 피해자도 공동체의 가치 있는 구성원으로 인정하고 한 인격체로 존중하며 피해보상과 치유라는 개인적 요구를 실현할 수 있도록 적극적으로 지원하여야 한다. 이것 또한 상호적 책임에 관한 것이다. 피해자가 가해자 또는 이와 관련된 특정인에게 앙갚음이나 복수하지 않도록 피해자를 넉넉히 포용하는 것도 공동체의 관심사가 되어야 한다.

가해자, 피해자, 그리고 이들의 돌봄 공동체가 서로 긍정적 관계를 형성하기 위해서는 **존중, 신뢰, 돌봄, 겸손과 같은 핵심가치를 실천하는** 강한 책임감이 필요하다. 그렇지 않으면 범죄의 재발을 감내할 수밖에 없다. 건강한 그물망에 생명을 불어넣는 이런 가치 실현을 통해 공동체는 구성원들이 서로 어떻게 상호관계를 맺는지 살펴보게 만든다. 각 구성원의 가치를 인정하고 모든 구성원이 공동선을 위해 노력할 때 파괴적 가치가 비로소 긍정적 가치로 변환될 수 있는 것이다

회복적 공동체는:

- 범죄에 영향을 받은 그룹의 요구사항에 관심을 기울인다.
- 가해자와 그 가족들의 관계를 유지한다.
- 피해자와 그 가족들의 관계를 유지한다.
- 존중, 돌봄, 신뢰, 겸손의 가치를 실천할 것을 약속한다.
- 더욱 평등하고 정당한 사회가 될 수 있도록 노력한다.
- 사법에 참여할 기회를 모색한다.

이러한 가치는 더욱 평등하고 더욱 공정한 공동체로 변화할 기회를 제공한다. 물론 공동체도 가족과 마찬가지로 기능장애를 일으킬 수 있다. 회복적 사법은 사회적 정의를 가리킨다. 그래서 공동체가 사회 구조적으로 구성원을 어떻게 간섭하는지 탐구할 필요가 있다. 예를 들어 모든 구성원이:

- 존중받고 가치 있다고 느끼는가?
- 공동체에 소속되어 있다고 느끼는가?

- 전체 공동체의 최선의 이익을 추구하는가?
- 삶의 필수요소에 접근할 수 있는가?

위 질문에 "아니다."라는 답이 나온다면 먼저 권한의 불균형, 경제적 교육적 격차, 인종차별, 성차별, 기타 불공정이 개선되어야 한다. 이런 문제점들의 해결방안이 구체적으로 공론화될 때 비로소 모두에게 이익이 되는 큰 틀의 사회적 변화가 따라올 수 있다.

공동체가 앞서 언급한 6가지 실천사항을 실현하기 위해서는 반드시 **사법절차에 참여하여야 한다**. 한 사람을 1년간 잡아 가두는 데 최소 2만 달러 이상의 비용이 든다. 가령 지역사회가 사법을 수행하고, 안전을 제공하며 향후 범죄를 예방하는 데 이 돈을 쓴다고 상상해보라. 회복적 사법의 공동체는 개별 구성원의 건강을 증진하고 공동선을 추구하기를 원한다고 믿는다. 이런 선한 의도가 실현되기 위해서 공동체는 사법절차 일부가 되어야 한다.

회복적 방식으로 운영되는 공동체를 거론할 때 '환대'나 '포용'이라는 단어가 연상된다는 것을 알게 된다. 이러한 단어들은 환영, 일체감, 공동체적 삶의 공유라는 이미지를 떠올리게 한다. 이 같은 긍정적 이미지는 다시 우리에게 그물망에 대한 신념을 가져다준다.[11]

일부 수형자는 회복적 사법이야말로 우리 아이들과 미래 세대에게 물려주고 싶은 공동체를 건설하는 방법이라고 피력한다. 이런 공동체가 구축되면 책임과 치유에 기초한 회복적 사법을 촉진하는 건강한 환경이 창출될 것이다. 그러므로 회복적 사법은 공동체 구성원들의 이익을 위해 회복적 공동체를 더욱 공고히 구축해 나가라고 요구한다.

6. 개인의 재연결

검정과 빨간 옷을 입은 한 무리의 남녀가 무대에 올랐다. 자녀
가 살해당한 엄마도 있었고 구금된 자녀를 둔 엄마도 있었으
며, 교도소에 수용 중인 수형자도 있었다. 몇몇은 두 가지 이
상에 해당하는 때도 있었다. 자신들의 경험을 바탕으로 연출
된 연극 "담장을 넘어서Beyond the Walls"의 출연자들이었다. 그
들은 다른 사람들의 이야기를 연기하는 것이 아니라 그들 자
신의 이야기를 직접 들려주고 있었다.

한 엄마는 이웃을 공동묘지에, 집을 묘석에 비유한다. 한 남자
는 아버지의 폭력은 사적 형벌이었다고 고백한다. 가해자의
엄마는 피해자 가족이 내지른 비명이 자신의 비명과 같은 것
이었다고 말한다. 어떤 자매는 내일이면 사라질 것들을 나열
하며 지금 자신을 둘러싼 아름다운 것들에 주목한다. 연극은
이들을 한자리에 모아, 슬픔, 고통 그리고 사람을 구원하는 변
화의 힘에 목소리를 부여하였다. 이렇게 함께, 그들은 하나로
엮어진 이야기를 만들어내고 있었다.12)

회복적 사법은 범죄의 영향을 받은 사람들을 절차의 중심에 놓
는다. 피해자와 돌봄 공동체, 그리고 가해자와 그 가족이 사법절
차의 핵심적 참가자들이다. 이들 각자에게는 고유한 사법적 요구

가 있는데 이러한 요구가 충족되면 개인적 치유가 촉진된다. 그리고 치유되어 건강해진 개인은 강한 결속력을 가진 공동체의 뿌리가 되는 것이다.

남녀 수형자들은 각자의 사법적 요구를 통해 나에게 대단히 많은 가르침을 전해주었다. 그들 중 상당수는 가해자이지만 동시에 피해자이며 가해자 가족이기도 하다. 범죄를 저질렀다고 다른 범죄의 피해자가 되지 말라는 법은 없지 않은가? 그들의 요구는 각기 다르지만 중요한 공통점이 있다.

가해자와 그 가족, 피해자 등 각자의 사법적 요구에 공통점이

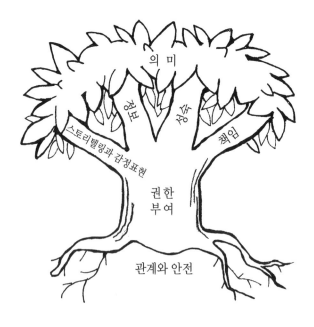

있다. 각자의 사법적 요구는 관계의 그물망에서 나오고, 의미 있는 삶을 위해 필요한 것이 무엇인지를 반영한다.

이 장에서는 8가지 개별적인 **사법적 요구**를 소개하고 다음 3개의 장에서는 피해자, 가해자와 그 가족들의 요구를 보다 자세하게 살펴보고자 한다.

개별적인 사법적 요구

공동체가 숲이라면 개별 구성원들은 나무라고 할 수 있다. 크고 번성한 나무는 8가지의 개별적인 사법적 요구를 나타낸다. 52쪽 그림 참조

사법 나무는 관계와 안전으로 연결된 '뿌리'에서 자라난다. 범죄와 관련된 상황에 직면할 때 사람들은 다시 한 번혹은 처음으로 안전한 관계에서 기반을 다지고 싶어 한다. 안전한 관계는 존중, 돌봄, 신뢰, 겸손에 기초하며 사람에 관한 판단으로 수치심을 일으키지 않고, 신체적 위해를 배제해야 한다.

줄기는 **권한 부여**empowerment를 표현한다. 권한 부여는 나무의 등줄기와 같아서 힘과 투지로 사법을 수행하는 개개인의 선천적인 욕구이자 자립능력을 의미한다. 이는 자신의 삶에 대한 통제와 사법절차의 참여를 포함하는 개념으로 뿌리의 든든한 지지를 얻어야 가능해진다.

가지는 **스토리텔링과 감정표출, 성장**, 그리고 **책임**의 요구를 상징한다. 이러한 요구들의 충족에는 우선순위가 없다.

스토리텔링, 경험에 대한 내면 드러내기, 솔직한 감정표현은 사람들에게 깊은 감명을 준다. 이러한 과정은 사람들이 자신을 잘 드러낼 수 있도록 도와주고 범죄의 영향과 원인을 이해할 수 있도록 지원한다. 범죄로 인한 경험을 겉으로 표현할 수 있을 때, 사람들은 결핍되었던 자존감, 명예심 그리고 인정욕구를 충족하게 된다.[13]

정보는 사람들이 범죄와 관련된 현실적, 정신적 질문에 대한 답을 얻을 수 있도록 도와준다. 개인적, 관계적 성숙은 범죄를 이해하는 것에 근거하며 그 필요성을 인식하게 된다.

책임은 근본적이고 회복적인 개념으로써 특정한 범죄의 영향과 원인에 직접 관련되어 있다. 여기에서 책임은 할 수 있는 한 '잘못을 바로잡는 과정'을 의미한다. 이를 위해 책임은 1 범죄의 고유한 해악에 대한 이해와 2 행위의 결과를 인정하고 손해배상 등 피해복구를 위한 구체적 실천 등을 요구한다. 온전한 책임 인식을 바탕으로 피해자와 가해자는 범죄의 영향력에서 벗어나는 여정을 시작할 수 있게 되는 것이다.

의미는 풍성한 나뭇잎 속에서 번성하며 뿌리에서 태동한 모든 것의 결과이기도 하다. 사람은 의미가 있을 때 자신의 삶 속에 범

죄의 영향력을 수용할 수 있다. 이미 벌어
진 일을 포용하는 새로운 차원의 자아 정

**회복적 사법은
각 사람에게
대응하는
올바른 사법을
찾는다**

체성을 형성할 수 있게 된다. 세상 속에
서, 타인과의 관계 속에서 그들의 자리를
다시금 확인하게 되고, 자신의 삶에 대한
새로운 통제와 질서를 경험한다. 그렇게
깨어진 삶에서 온전한 삶으로 회복되는 것이다. 사람이 나무처럼
계속해서 성장하고 변화하는 동안, 의미는 사법에서 어떤 위치인
지를 상징한다.

모든 나무가 뿌리, 줄기, 가지, 잎을 갖고 있지만, 그 모양새는
저마다 다르다. 사법도 그렇다. 사람들의 요구는 종종 비슷한 양
상으로 표출되지만, 각자의 범죄 경험이 다르므로 그 요구를 충
족하는 방식 또한 다양할 것이다. 회복적 사법은 이와 같은 차이
를 이해하고 각자에게 가장 적절한 사법적 대응을 찾으려는 노력
이다.

또한, 나무는 동적인 존재로서 계절의 변화에 따라 끊임없이 움
직이고 있다. 사람들도 이와 유사한 방식으로 범죄와 치유의 과
정을 경험하는데 때로는 범죄 발생 후 여러 해가 지났음에도 이러
한 변화와 움직임을 나타낸다. 결과적으로 범죄를 다루면서 '마
침표closure' 라는 말은 적절하지 않다. 마침표는 범죄와 그 후유증

이 끝난다는 것을 비유하지만 범죄의 충격은 비록 형태가 달라지기는 해도 계속 살아남는다. 나무는 이러한 과정을 나이테로 고스란히 기억하고 있다. 따라서 마침표가 아닌 '회복', '견뎌내기' 또는 '승화하기transcending' 같은 순환적 개념들이 범죄 후의 변화과정을 더욱 정확하게 묘사하는 것 같다.

이제 회복적 요구 리스트에 포함되지 않은 '용서'에 대해 주목해 보자. 용서는 지극히 개인적인 개념으로 개별적 상황에 따라 유동적인 의미로 인식된다. 나는 용서란 한 개인이 자신을 짓누르고 있던 범죄의 영향력을 털어내는 때라고 정의한다.

누구든지 자신은 물론 다른 사람을 용서할 수 있다. 하지만 용서를 떠올리기는 어렵지 않아도특히 용서를 받는다고 생각 실천하기란 절대 쉽지 않다. 용서는 간혹 상대방이 아니라 나 자신을 치유하려는 방법으로 선택된다.

용서를 결심한 가해자, 피해자와 그 가족 구성원은 깊은 치유감을 느끼고 새로운 의미를 향해 전진하는 것을 발견한다. 그러나 용서하지 않은 사람도 다른 과정을 모색할 수 있다. 즉, 용서는 개인적인 선택에 달려있으며 회복적 사법은 각자의 선택을 존중한다.

나무가 성장하기 위해서는 뿌리와 잎사귀 그리고 개체를 구성하는 모든 것이 충족되어야 하며 이는 사람에게도 같이 적용된다. 8가지 사법적 요구를 만족할 수 있어야 크게 번성할 수 있다. 안전과 관계는 새로운 의미를 향해 나아갈 수 있도록 지지하며 가지들스토리텔링, 감정표현, 정보, 성숙, 책임의 실체적인 노력은 다시금 안전한 관계에 도움을 줄 수 있다. 이렇게 회복적 사법은 사람들이 범죄를 경험한 이후에 벌어지는 관계와 의미에 접근할 수 있도록 돕는다.

다음 7장에서 9장까지는 피해자, 가해자와 그 가족의 관점에서 8가지 사법적 요구를 차례로 탐색해 본다. 읽는 순서는 무관하며 읽는 과정에서 당신 삶의 개인적 경험을 떠올려 보자. 범죄를 저질렀거나 강도 피해자가 되었거나 자녀가 사법 시스템에 연루되었을 수도 있다. 가족이 피해자가 되어 범죄를 경험했을 수도 있다. 어쩌면 당신이 가족을 상대로 범죄를 저질렀을 수도 있을 것이다. 각 장은 이렇듯 복잡하게 얽히고설킨 다채로운 경험들을 다루고 있다.

7. 피해자와 돌봄 공동체의 재연결

어느 젊은 부부와 반려견이 음주운전 차량에 치여 희생되었다. 피해자 가족들은 그들을 기리며 사고 장소에 추모비를 세웠다. 세월이 흘러 가해 운전자가 가석방 적격심사를 받을 무렵 피해자 가족은 그가 고인들을 위해 의미 있는 일을 해주기를 희망했다. 가석방심사위원회는 가족들의 요청을 받아들였다. 가해 운전자는 가석방 조건으로 자신의 조력자, 피해자 지원 사무소 등과 함께 그 계획을 세워보기로 했다.

가족들은 가해 운전자가 정기적으로 추모비를 청소하고, 추모기일마다 횡단보도를 도색할 것을 요청하였다. 아울러 그가 지역 동물보호소에서 자원 봉사하기를 원했다. 가족들이 직접 사법절차에 참여해서 이와 같은 요청을 하고 실제 실행이 되는 것을 확인하는 과정은, 가족들에게 상당한 의미가 있었고 큰 힘이 되어주었다. 자녀를 추모하고, 자신의 피해자화를 극복하는 특별한 방법을 발견한 것이다. 책임져야 하는 사람이 온전히 그 책임을 감당하는 것이 물꼬가 되어, 피해자 자신의 힘으로 치유의 여정을 향해서 새로운 발걸음을 내딛기 시작하였다.14)

피해자와 돌봄 공동체는 종종 범죄를 트라우마로 받아들인다. 범죄는 정상적인 삶의 흐름을 방해하고 균형을 깨뜨린다. 관계는 더는 예전 같지 않고, 안전과 보안은 순식간에 위협받으며 신뢰와 가치에 의문을 갖게 된다. 신체적 피해를 본 경우 직업과 가족, 심지어 자신을 돌보는 능력을 상실하는 등 급격한 변화를 경험하게 된다. 이를 극복하기 위한 비용으로 가정 형편이 악화하는 사례도 있다. 유감스럽지만 범죄가 사람들에게 미치는 영향은 이런 정도에 그치지 않는다.[15]

범죄 피해자 아짐 카미사Azim Khamisa는 아들이 살해되었다는 소식을 접했을 때, 마치 '감정의 핵폭탄'을 맞은 느낌이었다고 회상하였다.[16] 이런 파괴적 경험은 비폭력범, 폭력범, 경제사범, 상해범, 화이트칼라 또는 길거리 범죄 등 범죄의 유형과 관계없이 많은 피해자가 공통으로 겪게 된다. 차를 도둑맞은 운전자와 아이가 살해당한 부모가 어떤 면에서는 유사한 형태의 충격을 받을 수도 있다. 충격의 강도는 다르겠지만 느낌의 유형이 비슷할 수 있다는 것이다.

범죄의 여파는 오래 지속하며 멀리까지 영향을 끼친다. 범죄로 인한 충격은 사건 발생 후 며칠, 몇 달 또는 몇 년이 지나도 사라지지 않는다. 어떤 사람은 해마다 그날만 되면 범죄와 관련된 감정에 휩싸이기도 하고, 범죄 후 지속하는 극한 스트레스로 부부 관계가 파국에 이르는 예도 있으며, 꿈을 향해 달려갈 에너지를 몽땅 상실하기도 한다. 그래서 치유의 여정은 곧은길이 아니라 같은 곳을 여러 번 지나쳐 돌아가야 하는 지난한 구부렁길과 같다.

피해자의 범죄 경험과 그와 관련된 요구를 외면하는 형사사법 시스템의 현실은 피해자가 범죄를 해결하고 정의를 확인하는 과정에 있어 그다지 도움을 주지 못하고 있다. 현행 형사사법 절차 안에서 피해자의 입지는 매우 협소하지만, 회복적 사법에서의 피해자와 그들의 요구는 중심에 자리하고 있다.

> "당신은 삶이 이런 식으로 상처를 주지 않으리라고 믿는데… 인간성이 이처럼 추한 모습은 아니라고 믿었는데… 있지도 않을 타인의 행동에 엄청난 기대를 하고 있다. 이제 나에게 타인에 대한 신뢰는 없다." 17)

> "마치 당신의 집에 허리케인이 지나간 것 같다. 당신은 집 안팎을 깨끗이 청소하고, 깨진 것을 고치거나 물건을 바꾸어야 한다. 그때야 당신의 집은 진짜 당신의 것이 될 것이다." 18)

이 장에서는 피해자의 시각으로 8가지 사법적 요구를 더욱 자세히 살펴보고자 한다.

피해자의 사법적 요구

범죄는 관계를 깨뜨리면서 불안감을 불러일으킨다. 따라서 안전을 보장하고 **관계**를 회복하는 것이 피해자를 위한 최선책이다. 대다수 피해자는 신체적 안전을 위한 자신만의 방법을 찾는다. 견고한 자물쇠로 교체하고, 호신용 스프레이나 총을 갖고 다니며, 방범창이나 보안시스템을 갖춘다. 하지만 어떤 수단을 동원하더라도 결코 안전하다고 느끼지 못하는 사람들도 있다. 때때로 자신의 집 안에 자기만의 감옥을 지어두고, 밖으로 나가는 것을 두려워하기도 한다. 따라서 회복된 관계들은 피해자에게 신체적 안전을 제공하는 일종의 지원군이 된다.

정서적 안정 역시 신체적 안전 못지않게 중요하다. 안전을 회복한다는 것은 자신에 대한 믿음과 타인에 대한 신뢰를 재건하는 것이라 할 수 있다. 안전한 관계 속에는 불신, 조작manipulation, 판단, 비난, 그리고 수치심이 없다. 피해자는 안전한 관계 속에서 인정받고, 신뢰받으며 사람들이 자신의 이야기를 경청한다고 느낀다.

가해자는 범죄를 실행하기로 선택한 사람이다. 하지만 피해자는 피해자가 되는 것을 선택하지 않았다. 그들은 범죄행위 자체나 그 후유증에 대해 극히 미미한 통제력을 가질 뿐이다.

범죄로 인해 피해자의 삶은 가늠할 수 없을 만큼 피폐해지기도 하며 이 때문에 무기력해지기 쉽다. 이러한 상황에서는 피해자가 다시 자기 삶을 통제할 수 있게 돕는 **힘 실어주기**empowerment가 특별히 중요하다. 자기 삶에 대한 통제력은 피해자가 범죄의 결과를 어떻게 처리하고, 자신의 요구를 어떻게 충족할지 결정할 수 있을 때 얻어진다. 따라서 사법 시스템에 참여할 기회 자체가 통제력을 회복하는 중요한 열쇠가 된다.

통제력 유지의 필요성은 **정보**에 대한 욕구와 관련이 있다. 대부분 범죄는 행위 발생 후에 의문점을 남겨놓기 마련이다. 피해자는 다음과 같은 현실적인 질문에 대한 답을 찾으려 할 것이다. "무슨 일이 일어났지? 왜 일어났지? 왜 하필 나야? 내 물건들은 어디에 있나? 무슨 일이 벌어지고 있는지 어떻게 알 수 있어?"

내면을 향한 또 다른 질문도 이어진다. "왜 내가 그런 식으로 대응했을까? 대체 지금 내게 무슨 일이 일어나고 있는 거지? 이제 어떻게 살아가야 할까? 다음에는 무슨 일이 벌어질까?"

인간 본성과 맞닿아 있는 영적인 질문도 있다. 범죄는 사람의 세계관을 통째로 뒤흔들 수 있는 잠재력이 있다. 자신의 세계관이 흔들리는 상황에 직면하면 그동안 믿어왔던 신과 초월적 힘, 인생의 의미 등에 대한 근원적인 의문을 던진다. 그에 대한 답을 찾는 과정 역시 잃어버린 통제력을 회복하고 삶의 의미를 향해 나아가도록 이끄는 한 가지 방법이다.

스토리텔링, 감정표출은 피해자가 마음속 응어리를 끄집어내고, 범죄를 객관적 시선으로 보게 해주며, 자신이 느끼는 감정을 이해할 수 있게 도와준다. 경험과 감정을 표현하는 비공개적 방법도 있는데 일기 쓰기, 시 쓰기, 그림 그리기 또는 가족, 친구, 상담사와 대화하기 등이 그것이다. 사법절차와 변호 과정에서 이루어지는 스토리텔링과 감정표출의 방식으로는 피해자 집회 참가, 법정에서의 피해충격 자술서 읽기, 특별입법 옹호 등이 있다. 피해자는 자신의 이야기를 누군가 경청해 줄 때 비로소 인정과 공감을 경험한다.

> "이야기를 쏟아내지 못하면 변비에 걸린 것과 같다." [20]

인정validation은 **책임**을 촉진한다. 책임은 손해배상과 정당성 해명vindication이라는 두 가지 특징을 가진다. 적절한 배상을 받지 못한 피해자는 재정적 파탄을 겪게 되는데 손해배상은 이와 같은 금전적 손실을 보상하는 것이다. 또한, 정당성 해명을 통해 범죄와 관련된 어떠한 책임에서도 피해자를 자유롭게 한다. 이는 범죄자가 범죄에 대한 자신의 책임을 인정하거나 법원이 범죄자의 책임을 확인시키는 것으로 보장된다.

"수형자가 피해자를 향해 '당신이 나를 교도소에 보낸 것이 아니라, 내가 나를 보낸 거예요.'라고 말하는 것은 그가 할 수 있는 가장 강력한 말이다. 왜냐하면, 그 사실을 마침내 인정했기 때문이다."[21]

금전적 손해배상과 정당성 해명 간에는 서로 밀접한 관련이 있다. 가해자가 손해배상을 한다는 것은 자신의 책임을 자인하는 것이다. "내가 당신에게 피해를 줬으니 그에 따른 비용은 내가 부담해야 합니다. 당신에게는 책임이 없습니다."라는 메시지를 담고 있다. 피해자들에게 있어 책임을 인정하는 가해자의 진술은 배상금 그 자체보다 더 큰 의미가 있다. 배상금 액수와 무관하게 피해자가 치유의 여정을 향해 한 걸음 더 내딛도록 응원하는 것이다.

피해자에게 **성숙**은 온전한 사람으로 회복되어 가는 개인적 여정을 반영한다. 자신의 의지와 별개로 일단 범죄 피해를 보게 되면 자기 성찰과 인격적 변화를 피해갈 수 없다. 어떤 사람들에게 성숙은 관계일 것이다. 예컨대 과거 경험을 다루거나 경계선을 설정하고, 새로운 관계를 형성해 나가는 것이다. 또 다른 관점에서 성숙이란 '그들은 누구이며, 무엇이 필요한가?'라는 질문에 자신의 내면을 돌아보는 대단히 개인적인 것일 수 있다. 그러나 피해자의 요구가 충족되지 않는 성숙은 불가능하며, 범죄로 인한 상처에서 벗어나지 못할 수 있다.

> "스스로 자기 자신을 정말 진정으로 돌아보게 하는 것 중 살인 죄보다 더한 것이 있을까? 이는 마치 과거에 자리 잡은 딱지들을 떼어내는 일이다."22)

> "나는 그냥 생명을 유지하는 인간이 되고 싶지는 않다. 치유하고 싶다. 이 모든 걸 초월하고 싶다."23)

피해자가 나무 꼭대기에서 마주하게 되는 의미는 이따금 '새로운 평범함'이라고 불리기도 한다. 왜냐하면, 범죄를 겪으며 변화된 삶에 의해 범죄 이전의 평범했던 것들이 더는 평범하지 않게 되었기 때문이다. 피해자는 범죄를 수용하는 삶과 변화된 정체성을 '새로운 평범함'으로 받아들인다. 범죄는 나무의 나이테와 같아서 내면의 흔적으로 남게 되어 미래에도 영향을 미친다. 그와 동시에 나무는 계속 자라고 번창해 나간다.

피해자는 범죄를 가장 개인적이고 직접적인 방식으로 경험하는 사람이다. 회복적 사법은 그에 따른 개별적 요구에 대해 의미 있고 창의적인 대응을 하고자 노력한다. 이러한 과정을 거쳐 피해

자는 관계의 그물망과 다시 결속되고, 결과적으로 그물망을 더욱

촘촘하고 강하게 만든다.

8. 수형자와 재연결

장기형을 선고받은 수형자 그룹은 자신들의 범죄를 포함한 과거의 행동이 그들의 가족, 피해자 그리고 지역사회 전체에 큰 고통을 끼쳤다는 사실을 깨달았다. 장기 수형자 그룹은 이 세 그룹이 구금과 같은 고통을 고스란히 겪어왔으며 책임 또한 함께 나눴다는 사실도 알게 되었다. 장기 수형자 그룹은 자신들의 잘못에 대한 빚을 갚기 위한 방법의 하나로, 출소를 앞둔 다른 수형자 그룹과 지역 주민이 함께 참석하는 특별한 1일 프로그램을 마련하였다.

행사를 주최한 장기 수형자들부터 지역 주민들까지 차례대로 이야기를 꺼냈다. 다니엘은 자신의 범죄와 구금이 어머니에게 너무나 큰 상처를 주었음을 고백하였다. 존은 자신이 일자무식 폭력배에서 국어 선생님이 되기까지의 남다른 사연을 회상하였다. 폴은 자신의 범죄 이야기를 시작으로 자신에게 상처받은 지역사회의 일원들을 모두 언급하였다. 어느 어머니가 살인사건으로 아들을 잃게 된 사연을 이야기할 때에는 참석자 모두 깊은 슬픔에 잠겼다. 행사가 끝날 무렵 장기 수형자 그룹은 출소를 앞둔 수형자들과 지역 참여자들에게 제의하였다. 모두가 책임 있는 삶을 살기로 하는 '책임서약' 공동 작성을 권유한 것이다.[24]

행사 주최자들은 모두 남성 장기 수형자로서 자신의 범죄를 인정할 뿐만 아니라 가족관계를 중요하게 여겼다. 그들은 교도소 프로그램과 개인적 노력을 병행하면서 범죄를 극복하는 데 필요한 요소들을 꾸준히 실천하였다. 그들은 수형자의 사법적 요구에 관한 '전문가'들이었다.

> "나는 내가 저지른 일 때문에 벌을 받고 있지만, 그 일에 대해 무엇이라도 하려는 노력은 절대 허용되지 않는다."25)

형사사법 시스템은 범죄를 저지른 개인의 처벌에 초점을 맞춘다. 범죄와 관련된 사람들의 특별한 필요와 개별적 요구에 관심을 두지 않는다. 따라서 수형자들은 주위의 비난과 법원의 처벌로부터 자신의 힘으로 스스로를 보호하고 방어해야 한다. 이들은 주로 침묵을 택하며 가끔 변호사들이 그들을 대변해줄 뿐이다. 재판 과정에서 방어권 행사에 지장을 주지 않기 위해 후회하거나 화난 모습을 애써 감추려고 한다. 일부 언론에서도 수형자를 감정 없는 '동물'로 깎아내리는 경우가 있다.

법정에서 선고를 듣는 수형자는 형벌을 '받고take', 자신에게 '마땅한' 것을 '받아들여야get' 한다. 이런 일방통행의 수동적인 방식으로는 수형자의 책임성을 키울 수 없다. 자신의 범죄로 인해 발생할 수 있는 여러 악영향에 대해 보지도 듣지도 못하며, 설령 일부 피해 양상에 대해 알게 되어도 그것을 보상할 기회조차 얻지 못한다.

문명사회의 기대에도 불구하고 현재의 교도소는 수형자가 자신의 책임을 진심으로 인정할 기회를 적절히 제공하지 못한다. 오히려 책임을 방해하는 일종의 장애물을 만들고 있다. 수형자들은 신체적, 정서적으로 가족과 공동체로부터 격리되어 있다. 이러한 격리의 부작용으로 범죄 피해에 무지하게 되고, 회복을 위한 최선의 노력이 단절되는 것이다.

폐쇄적인 교도소 환경은 수형자의 인격에도 영향을 미친다. 사회로부터의 격리는 구금된 이들에게 자신들이 쓸모없는 존재로 인식하도록 메시지를 주고 있다. 교도소는 수형자들이 책임 있는 공동체 구성원으로 복귀하도록 교정하는 것이 목적이라고 하면서도, 끊임없는 통제를 가하며 수형자들이 책임을 인정할 기회를 빼앗아간다. 교도소는 수형자의 인간성을 억누르면서 그들을 효과적으로 침묵하게 만든다. 수형자들은 존중의 욕구를 위협하는 모든 위해요소를 막아내면서 존중받기 위한 투쟁을 벌이고 있다. 이런 교도소 환경을 극복하는 일부 수형자들도 있다. 그러나 대부분은 자신의 범죄를 직면하고 책임을 지기 위해 노력하는 것은 고사하고, 치유를 위한 내적 성찰조차 시도하기 어렵다.

형사사법 시스템은 수형자의 긍정적인 측면에 무관심하며 그들의 범죄행위라는 한 가지 측면에만 주목한다. 이것은 수형자를 시간 속에 꽁꽁 얼려 두는 것과 같아서 범죄를 저지른 사람은 계속해서 '범죄자'로 남겨지게 된다. '전과자'와 같은 표현도 사람의 인간성을 축소하기는 마찬가지다. 더군다나 투표권 상실, 차별적 고용조건 등의 사회적 악조건들은 범죄를 저지른 사람에게 다시는 "공동체 생활에 적응할 필요가 없다."라고 통보하는 것과 같다.

회복적 사법은 수형자가 피해자에게 진정한 책임을 인식하고, 피해자의 개인적 치유를 촉진하는 방식으로 사법을 수행하려고 한다. 다음의 8가지 사법적 요구들은 어떻게 이를 수행해야 할지 그 방법을 보여준다.

수형자의 사법적 요구

범죄를 저지른 사람이 범죄의 영향과 발생의 원인을 성찰하기를 기대한다면 먼저 그들에게 **관계**와 **안전**을 확보해 주어야 한다. 건강한 관계는 책임과 치유를 위해 노력하는 데 필요한 지지와 용기를 북돋아 준다. 안전은 수형자가 수치심이나 타인의 판단에 대한 두려움 없이 자신의 취약점을 드러낼 수 있도록 포용한다.

때로는 수형자의 안전을 위해 일시적으로 넓은 공동체에서 떨어져 있을 필요가 있다. 다만 이러한 격리 기간에도 '가족과 만남'처럼 안전하고 의미 있는 관계는 교류될 수 있도록 유지되어야한다. 그들이 떨어져 머무는 공간은 다시는 위해 요인이 없는 장소여야 한다. '해를 끼치지 않는' 환경은 책임과 치유의 가능성을 높여주는 한편, 존중, 돌봄, 신뢰와 겸손을 구현해 준다.

> "교도소 안은 위험하다. 당신을 괴롭히지 않고 곤란하게 하지 않을 사람들과 어울려야 한다." 26)

> "교도소 프로그램이 사람을 교화시키는 것은 어렵다. 스스로 자신을 교화해야 한다." 27)

수형자는 책임과 치유라는 두 가지 의무에 직면한다. 이런 의무를 의미 있게 이행하도록 하려면 수형자가 그 이행방식을 정하는 데 참여할 수 있도록 해야 한다. 개인적 권한 부여를 통해 수형자는 더는 '형벌을 받는' 수동적 대상에 그치지 않고, 정의를 모색하는 과정에 적극적으로 참여할 것이다. 과정의 참여는 개인의 내적 능력을 끄집어낼 수 있다. 하지만 사법절차에 참여하는 모든 주체의 요구사항을 만족시키기 위해서는 다른 사람들의 도움이 필요할 때도 있다.

책임은 수형자와 피해자가 직접 연관된 방법으로 '잘못을 바로

잡는' 과정이다. 그것은 다음 사항을 포함한다.

책임의 요소

1. 범죄행위를 스스로 선택한 것을 인정하고, 피해자는 범
   죄의 원인뿐만 아니라 판결 과정에도 전혀 책임이 없다
   는 사실을 수긍하는 것
2. 범죄가 다른 사람들에게 어떤 상처를 주었는지 이해하
   고, 그 피해가 자신의 책임인 것을 자인하는 것
3. 피해를 복구하는 데 필요한 조처를 하는 것

책임은 피해자는 물론 가해자 가족과 지역 공동체 등 다른 사법
참여자에게도 적용된다.

"내가 저지른 범죄의 극히 일부분도 합리화할 방법은 없다." 28)

"내가 어디에 있든 피해자 가족들이 내 남은 삶을 지켜보면서,
내가 벌인 행동의 영향을 충분히 이해하고 있고, 그래서 다른 사
람들의 삶을 변화시키기 위해 노력하고 있음을 알아주면 좋겠
다. 그것으로 지난날 나의 무책임함을 조금이나마 보상할 수 있
으면 좋겠다." 29)

수형자에게 책임이란, 범죄의 의미와 피해자에게 미치는 영향
에 관한 충분한 이해를 요구하는 것이다. 물론 온전한 이해에 이

르는 경로가 하나만 있는 것은 아니다. 피해자와 대화 중에, 범죄의 영향에 관련된 보고서를 읽다가 또는 자신의 피해 경험을 고백하는 피해자의 얘기에 귀 기울이다 느끼게 될지도 모른다. 일부는 자신을 피해자화 하는 경험을 통해서 알게 될 수도 있다.

범죄가 사람들에게 미치는 영향은 개인마다 다르므로 피해를 회복하는 과정 또한 상황에 따라 달라져야 한다. 피해를 회복할 수 있는 효과적인 방법을 찾아내기 위해 수형자와 피해자 또는 피해자 대리인 간에 충분한 정보를 교환하는 것이 그래서 필요하다. 손해배상은 그 피해를 회복하는 유력한 방법이다.

스토리텔링과 **감정표출**은 책임과 치유 모두에 있어서 중요한 역할을 한다. 즉, 범죄를 인정한다는 진술은 수형자의 행위에 대한 솔직한 고백이므로 그 진술 과정에서 범죄행위 전과 실행 당시 그리고 행위 후의 감정을 돌아보는 계기가 된다. 그러면서 자신의 범죄가 어떤 영향을 미쳤는지, 이에 대해 무엇을 할 수 있는지를 더 잘 이해할 수 있게 된다는 것이다.

스토리텔링과 감정표출을 하다 보면 그 초점은 범죄의 원인이 무엇인지에 맞춰진다. 또 범죄 전과 그 후 범죄로 인해 괴로웠을 때로 구분되어 그 범죄가 자신에게는 어떤 영향을 미쳤는지에 집중하게 된다. 이런 이야기를 육성으로 말하고, 듣는 과정에서 수형자는 인정받고 있음을 경험하게 되고 이는 개인적 치유를 위한 노력에 도움을 준다.

> "나는 여전히 의욕이 넘치고 확신에 차 있다. 나는 지금도 명분을 믿지만 이제 나의 명분은 부정적인 것이 아니라 긍정적이다. … 성취감으로 날아갈 것 같은 느낌이다."30)

> "나를 용서하기 전까지 나를 사랑할 수 없었습니다. 그때까지 나는 바뀔 수 없었습니다." 31)

범죄를 저지른 사람들은 범죄의 영향을 파악하고, 사법적 대응에 나서기 위한 여러 가지 정보가 필요하다. "재판은 어떻게 진행되나? 최선의 방어방법은 무엇인가? 교도소에 가게 될까? 그렇다면 가족들은 어떻게 되지? 교도소에서는 어떻게 살아야 하지? 교도소에서 나올 수는 있을까?" 등 실제적이고 법적인 질문들에 대한 답이 필요하다. 한편 "내가 왜 그랬지? 어쩌다 내 삶이 이 지경까지 왔나? 내가 이런 행동을 하다니, 나는 이제 어떻게 되지? 범죄와 재판이 내 인생에서 어떤 의미가 있어?" 등 철학적이고 내면적인 질문도 표출된다. 삶의 의미를 찾는 여정에서는 이와 같은 질문의 답을 구할 수 있는 능력이 요구된다.

개개인은 자신이 개인적 성숙을 원하고 있는지, 만일 그렇다면 언제 경험하고 싶은지를 선택해야 한다. 이를 위해서는 범죄의 엄폐물을 걷어내고 내면의 진실한 자아와 대면할 수 있어야 한다.

사람에 따라서 개인적 성숙을 먼저 경험한 후에 책임을 인정하는 사람이 있고, 반대로 의미 있는 책임 인정이 선행되고 성숙이 뒤따르기도 한다.

수형자들의 고백에 의하면 성숙은 세 가지 핵심적인 영역으로 이루어진다고 한다.

첫째, 자신이 피해자였거나 혹은 타인에게 상처를 받았던 때를 대처한다.

둘째, 건강한 가치관을 가지게 되고 삶의 모든 영역에서 그 가치관에 따라 살아간다.

셋째, 공동체 내에서 온전한 삶을 이끌어 가는 데 필요한 기술과 교육을 습득한다.

"대입검정고시 합격은 정말 최고의 기쁨이었습니다. 처음으로 가족들이 저를 자랑스럽게 생각하게 되었죠. 그보다 중요한 것은 개인으로서 제가 무엇을 잘할 수 있는지 알게 된 거예요." 32)

"저도 이제 저 자신과 저를 둘러싼 세상을 이해하게 되었습니다. 교도소에서 보내는 시간은 잠시에 불과하고, 출소 후에는 더 나은 세상을 만들기 위해 노력해야 한다는 것을 압니다. 제가 그동안 저질러 온 일들에 회한을 느끼며, 피해자와 사회 전체를 위해 죗값을 치르는 일에 헌신하고 싶습니다." 33)

앞에서 언급한 요구의 충족은 곧 개인적 **의미**로 귀결된다. 의미는 수형자를 다시 관계의 그물망 속으로 돌아가게 한다. 그렇게 '수형자'로서의 경험을 극복하고, '범죄자'라는 꼬리표를 떼어낼 수 있다. 어떤 수형자들은 이 같은 경험을 두고 '내가 되고 싶어했던 사람이 된' 느낌이라고 말하기도 한다. 그리하여 그들은 다시 한 번혹은 처음으로 목적의식이 뚜렷한 삶으로 뛰어들 수 있게 되는 것이다.

회복적 사법은 범죄를 행한 사람들일지라도 그 인간성을 존중한다. 이 철학은 책임과 치유를 동시에 구현하고 촉진하는 방법을 창출하며, 그 과정에서 가해자가 다른 사람들은 물론 자기 자신을 위해서 '잘못을 바로잡을 수 있도록' 지지한다. 범죄를 저지른 사람들이 치유되어야 공동체가 치유될 수 있고 그로 인해 관계의 그물망이 점차 강력해지는 선순환이 이루어진다.

9. 수형자 가족의 재연결

타라Tara는 수감되어 있던 몇 년 동안 엄마 리즈Liz와 좋은 관계를 유지하였다. 하지만 타라의 출소가 임박해지자 두 사람은 '타라가 집으로 돌아오면 어떻게 해야 하나'라는 중요한 문제에 관해 의도적으로 회피해왔다는 사실을 인정할 수밖에 없었다. 서로 같이 사는 문제조차 언급한 적이 없었던 두 사람은 고민스러웠다. 엄마의 공간을 타라가 존중해 줄 것인가? 엄마는 타라가 성인이 됐다는 사실을 어떤 방식으로 존중해 줄 것인가? 어떻게 하면 서로를 침범하지 않을 수 있을까?

모녀는 타라가 교도소 교화프로그램을 통해 알게 된 마리Mary의 도움을 받기로 했다. 위기상담 회의를 진행하는 그녀와 함께 두 사람의 고민을 해결하기 위한 만남이 성사되었다. 상담이 마무리될 무렵 리즈와 타라는 함께 사는 문제와 더불어 시간 및 공간 문제를 어떻게 해결할지에 대한 합의를 이루었다. 상담 후 리즈는 "지쳤지만 타라가 돌아온다는 사실에 힘이 나고 긍정적인 느낌이 든다."라고 소감을 표현했다.[34]

리즈는 딸이 저지른 범죄로 심각한 충격을 받았다. 하지만 형사사법 시스템은 리즈는 물론 그녀와 같은 가해자의 가족들에게 거의 관심을 두지 않는다. 가해자 가족이 겪는 어려움은 가해자인 가족 구성원과 피해자 그리고 지역사회 사이에서 불거지는 독특한 관계를 통해 형성된다. 또한, 그 어려움은 가해자의 가족이 범죄의 직접적인 피해자였으면 더욱 복잡해진다.

> "마치 가족이 수형생활을 하는 것 같습니다. 그는 자기 범죄에 대한 죗값을 치르고 있겠지만 여기 남겨진 가족들만큼 혹독할 것 같진 않아요." 35)

수형자 가족은 범죄의 충격으로 인해 취약한 상태로 방치된다. 변호사를 고용해야 하고, 재판을 위해 휴가를 내야 하며, 집안 경제를 책임졌던 가족의 구금을 감수해야 한다. 또한, 인근 주민들의 비난과 낙인도 고스란히 감내해야 한다. 미디어는 수형자 가족을 '이야깃거리'로 취급하고, 그들의 삶을 마구 파헤친다. 그렇게 수형자의 가족은 일순간 '수형자의 어머니' 또는 '수형자의 형제'로 전락하게 되며 범죄의 낙인을 짊어지게 된다.

그러면서 가족들은 자신이 느끼는 절망감을 받아들이기 위해 애쓰게 된다. 그들은 사랑이나 죄책감에서부터 분노와 억울함에 이르기까지 다양한 감정을 경험한다. 가족들 또한 깊은 자책감에 시달리며 사랑하는 가족을 대신해서 피해배상에 매달리기도 한다. 범죄로 인해 가족의 유대가 영구히 깨지기도 하지만, 심각한 상황에서도 가족이 더욱 결속하여 사랑하는 사람을 지지하는 때도 있다. 어느 경우라도 사랑하는 사람과의 관계가 중심이 된다. 이처럼 상충하는 여러 가지 반응은 가족이 피해자인 경우에도 똑같이 나타난다.

형사사법 시스템은 수형자의 가족을 고려하지 않고, 그들의 어려움을 해결하기 위해 도와주지 않는다. 이처럼 사법절차는 외롭고 혼란스러운 측면을 가진다. 가족들은 극히 제한되고 통제받는 상황에서 구금된 가족과 접견할 수 있다. 이들은 형을 선고받고 교도소에 수용된 가족과의 관계를 유지하기 위해 애쓴다. 다른 문제도 발생한다. 수형자 가족들이 피해 회복을 위해 노력하고 싶어도 피해자와 연락할 방법이 거의 없다는 사실이다. 만약 같은 가족이 피해자라면 그들이 겪는 고초는 다른 피해자와 다를 바가 없다. 이런 상황에서 기존의 사법절차를 통해서는 가족의 치유를 기대하기 어렵다.

회복적 사법에서는 전통적으로 수형자의 가족을 사법의 참여자로 포함하지 않는다. 하지만 그 가족들도 구금된 가족구성원처럼 동일한 8가지의 사법적 고통을 경험하고 있다. 다음에서는 수형자 가족의 어려움을 세 부분으로 나누어 살펴본다. 첫 번째 단락에서는 가족이 범죄 피해자가 아닐 때의 사법적 요구를 전반적으로 살펴본다. 다음 단락에서는 가족과 범죄 피해자의 관계를, 마지막은 가족이 수형자의 직접적 범죄 피해자인 경우를 간략하게 살펴본다.

가족의 사법적 요구

수형자 가족은 자신들도 범죄의 영향을 받았다는 사실을 인식해 달라고 요구한다. 이로 인한 **관계와 안전**에 대한 요구는 공동체와 사랑하는 가족인 수형자에게도 해당한다. 그래서 수형자 가족 또한 공동체의 따뜻한 보살핌과 지지를 받아야 마땅하다. 수형자 가족에 대한 선입견과 비난을 자제하고, 상처를 주는 대신 인정과 존중을 보여줄 때, 안전한 공동체 관계가 형성될 수 있다.

수형자 가족성인과 어린이은 범죄를 저지른 가족 구성원을 신뢰하며, 진실하고 공감하는 관계를 복원하고 유지할 필요가 있다. 또한, 가족들은 사랑하는 사람의 건강을 걱정하며, 교도소에서 안전하게 생활하는지 확인하고 싶어 한다.

특히 어린이들은 성장 과정에서 부모의 사랑과 지지가 절대적으로 필요하다. 교도소에서는 부모와 자식 관계를 정상적으로 지속하기 어렵다. 따라서 부모와 떨어진 곳이나 혹은 교도소 면회실에서 관계를 유지하는 방법을 배워나가는 어린이들에게는 각별한 주의가 필요하다. 이러한 관계는 부모의 갈등 사이에 자녀가 끼어 있는 경우 더욱 어려워진다.

> "그는 교도소를 집처럼 여기며 편안하게 지내고 있어요. 집을 잃은 사람들은 밖에 있는 우리죠." 36)

> "우리 애는 너무 무서워서 자기가 얼마나 화가 나 있고 두려웠는지 엄마에게 말도 못 하더군요."37)

권한 부여Empowerment는 안전한 관계와 밀접한 연관성이 있다. 가족관계를 앞으로 어떻게 유지할지는 가족 스스로 결정할 수 있어야 하지만 사랑하는 사람이 교도소에 수용되면 이러한 결정권은 사라진다. 이는 관계의 장벽을 만들어내는 사법 정책의 처분에 따라 가족의 운명이 맡겨진 것과 같다. 그와 같은 권한을 가족들에게 허락할 때 비로소 가족은 건강한 관계를 재건할 수 있다.

권한 부여는 사법절차 참여의 범위를 확장한다. 수형자 가족은 사랑하는 사람의 행동을 거의 통제할 수 없게 된다. 그 통제력을 환원하기 위해서는 남겨진 가족이 수형자에게 어떤 영향을 발휘할 수 있는지 스스로 판단할 수 있게 허용해야 한다. 또한, 수형자 가족들은 사랑하는 사람이 범죄로 영향을 받은 모든 이들을 위해 어떻게 책임을 져야 하는지를 결정하는 과정에 참여할 수 있어야 한다. 수형자의 다른 요구가 어떻게 충족되어야 하는지 판단하는 과정도 마찬가지다.

수형자 가족은 범죄 앞에서 수형자의 가족 구성원이자 동시에 범죄의 영향을 받은 사람이라는 이중적 정체성에 직면하게 된다. 이로 인한 **감정표출**과 **스토리텔링**은 매우 인상적이고 다양하게 나타난다. 가족들은 범죄의 충격과 그에 대한 자신들의 반응을 받아들이고, 사랑하는 사람의 마음과 범죄가 가족에게 미치는 영향을 이해하기 위해 노력한다.

> "내 삶이 완전히 뒤집혀 버렸는데도 아이들을 지키려고 한 내가 원망스럽네요."[38]

> "그가 체포되는 순간에는 뭐가 어떻게 되는지 몰랐어요. 내가 어떻게 해야 하는지 알게 되었을 때는 이미 때가 늦었죠."[39]

수형자 가족은 분노, 씁쓸함, 사랑, 연민, 혼란, 두려움 등 온갖 혼란스러운 감정에 휩싸인다. 이 같은 감정들의 방향이 범죄를 저지른 가족 구성원을 가리킬 수 있다. 또한, 수형자 가족은 피해자에 대한 깊은 연민과 책임을 느낄 수도 있다. 특히 어린이들에게는 이와 같은 감정이 지극히 정상적임을 이해할 수 있도록 다독여주어야 한다.

이런 감정을 포함하는 이야기는 대체로 범죄, 구금과 그에 따른 영향, 그리고 범죄 발생을 전후하여 변화된 가족들의 삶에 관한 것이다. 감정과 이야기를 함께 공유할 수 있는 능력을 갖추려면 유의미한 소통이 필요하지만, 사랑하는 가족이 교도소에 있다면 쉽지 않은 일이다.

　관계적 특성상 수형자 가족은 이중적 처지에 놓이기 때문에 범죄에 대하여 "무엇을?", "왜?", "어떻게?"라는 질문에 대한 여러 가지 **정보**가 필요하다. 한편으로 그들은 "내가 왜 이렇게 반응하지? 우리 가족의 범죄로 나는 어떻게 될까? 우리 가족에게는 어떤 의미일까?" 등의 개인적이고 내면적인 질문과 맞닥뜨린다. 한편 "이제 그 사람은 어떻게 되지? 안전하기는 할까? 어떻게 도울 수 있을까? 내가 사랑하는 사람이 저지른 행동을 어떻게 대신 변상할 수 있지?" 등 범죄를 저지른 사람을 걱정하는 질문에 이르게 된다. 이런 질문들은 실천적이고, 관계적인 동시에 정신적인 것들을 포함한다. 어린이들도 여러 가지를 알고 싶어 한다. 부모가 자신을 사랑하는지, 또 자신을 어떻게 생각하고 있는지가 가장 궁금할 것이다. 수형자의 자녀들은 교도소 내에서 부모의 일상생활을 궁금해하며, 안전이 지켜지는지, 언제 돌아올 수 있는지 알고 싶어 한다. 범죄에 자주 노출된 어린이의 경우에는 실제 범죄를 저질러도 괜찮은 것인지 궁금해하는 경우도 많다. 어린이들의 질문에는 해당 연령대에 맞게 진실하고 현실적으로 답해 주어야 하며, 두려움을 떨쳐내고 교도소나 범죄에 대한 환상을 갖지 않도록 배려해야 한다. 궁금증이 풀리면 어린이들은 더 안전하다고 느낄 수 있다.

범죄는 가족을 위한 **성숙**의 기회를 제공하기도 한다. 왜냐하면, 수형자와 그 가족이 겪는 어려움이 상당 부분 겹치기 때문이다. 따라서 성숙해지기 위해서는 상호 협력적이고, 헌신적이며, 일관된 관계를 유지해야 한다. 성숙해지는 기간을 거치며 가족들은 범죄로 인한 영향과 원인에 대해 고심하는 한편, 강한 유대감을 확인하고 훼손된 관계를 회복하는 방식으로 그들의 관계를 돌볼 수 있게 된다.

이처럼 관계 회복을 위해 노력하기 위해서는 범죄와 형량을 부정하고 싶은 마음을 떨쳐내고, 범죄가 결국 어떤 가치가 있는지, 이제부터 어떻게 삶을 꾸려갈 것인지를 이야기해야 한다. 특히 사랑하는 부인이 구금된 동안 엄마의 역할을 할머니가 대신하게 되고, 남겨진 배우자가 새롭게 부여된 책임을 지면서 더 독립적인 사람이 되는 등 가족의 역할이 달라질 수 있다. 성숙은 이처럼 새로운 역할과 관계를 파악하는 것을 의미한다.

어린이의 개인적 성숙은 장래의 범죄를 예방하는 데 효과가 있다. 어린이들이 성숙할 수 있도록 부모^{이혼했더라도}와 후견인이 어린이를 사랑으로 보살피는 등 함께 노력해야 한다.

성숙과 똑같이 **책임**도 수형자와 그 가족 사이에서 상호적이며 양방향적이다. 수형자는 자기가 범죄행위를 선택했음을 인정해야 하고, 가족에게 어떤 영향을 미치는지 직시해야 하며, 능동적인 자세로 잘못을 바로잡아야 한다. 수형자 가족의 책임도 범죄를 가족 차원에서 다룰 뿐 그 속성은 같다. 가족의 책임은 가족 안에 내재된 범죄의 원인을 해소하는 것으로부터 시작된다.

> "아빠가 교도소에 있기는 하지만, 나도 행복할 수 있음을 알게 됐어요."40)

> "친구가 한두 명 있는데, 엄마들이 모두 마약을 해요. 우리끼리 앉아서 그 이야기를 하곤 하죠. 우리의 대화는 서로 혼자가 아니며, 세상에 태어난 목적을 이룰 수 있다는 것을 깨닫는 데 도움이 됩니다. 누구든지 이유 없이 태어나지는 않았으니 말이죠."41)

범죄를 겪은 가족은 변화를 경험한다. 이런 상황에서 사법적 요구가 충족되면 가족들이 범죄라는 새로운 환경에 적응하고 앞으로 나아가는 데 도움이 된다. 전체로서 가족의 의미와 개별 구성원들의 정체성을 새롭게 이해하게 되고 그렇게 그들은 삶의 의미를 찾아간다.

수형자 가족의 사법적 요구에 관심을 기울여 줄 때, 그들은 삶의 의미를 찾는 치유의 여정을 떠날 수 있다. 이 과정에서 그들은 범죄를 저지른 가족의 여정을 지지하게 된다. 회복적 사법은 수형자 가족을 존중하고, 무너진 가족관계를 재구축하여 공동체로 돌아오게 하는 방법을 제시하며 결과적으로 관계의 그물망을 강화시킨다.

가족과 범죄 피해자

범죄에 대해 수형자 가족 전체가 책임을 똑같이 나눠야 할 의무는 없지만, 많은 가족들은 피해자들에게 배상의 책임을 느끼고 가족인 수형자를 대신하여 피해배상을 하길 원한다. 24쪽에서 간략하게 소개한 아짐 카미사Azim Khamisa와 플레스 펠릭스Ples Felix의 사례는 수형자 가족과 피해자의 관계가 어떤 것인지를 설명한다. 이러한 관계는 8가지 사법적 요구에 새로운 의미를 부여한다.

수형자 가족들은 자기 가족이 피해자에게 가한 범죄행위를 스스로 인정하고 받아들이도록 할 의무감을 느낄 수도 있다. 범죄로 인한 악영향을 이해시키고 잘못된 일들을 바로잡는 과정에서 가족은 중요한 동기부여가 된다. 또한, 수형자 가족이 공개 또는 비공개적으로 피해를 인정하는 것으로 피해자에게는 잘못이 없음을 주의 환기하는 효과를 얻을 수 있다. 즉 수형자가 잘못을 책임지고 보전하도록 단순히 격려하거나 혹은 적극적으로 지원하는 경우 가족은 피해자를 위한 사법과 손해배상을 촉진하는 존재가 된다.

수형자 가족이 수형자의 책임을 통감하고 피해자를 염려한다는 것은 수형자 가족의 요구가 피해자의 요구와도 공유될 수 있음을 의미한다. 예컨대 수형자 가족은 피해자에게 '걱정하고 있다.'라는 위로의 메시지를 전하면서 사랑하는 사람의 행위를 사과하거나 책임을 지기를 원한다. 덧붙여 피해자에게 묻고 싶은 것도 그의 질문에 답하고 싶은 내용도 있을 수 있다. 또한, 안전 −보복 우려에 대해 자기 자신의 안전과 범죄행위에 대한 피해자의 안전− 을 확인하고 싶어 할 수도 있다. 모든 수형자 가족이 피해자와의 접촉을 원하는 것은 아니지만 설령 필요성을 느끼더라도 그 실행방법은 스스로 찾아야 하는 것이 냉혹한 현실이다. 사법절차를 통해서는 이런 고충을 해결할 수 없기 때문이다.

수형자 가족과 피해자의 접촉 여부는 별론으로 하더라도 수형자 가족과 피해자 치유의 길은 별개로 진행되는 경우가 많지만, 가끔 교차하는 때도 없지 않다.

수제트Suzette의 아들이 뺑소니 사고로 한 남자를 죽였다. 사망자가 백인 목사인 사실을 나중에 알게 되었다. 그녀의 생각은 자기 아들이 흑인이라는 두려운 현실에 맞닿아 있었다. "아들을 산 채로 교수형에 처할지도 몰라. 그가 죽인 사람이 백인이란 것과 게다가 목사라는 사실은 내 아들에게 평생 두 개의 오점으로 남을 거야."라며 괴로워했다. 수제트는 중보기도자에게 피해자의 가족을 위해 먼저 기도하고, 그다음으로 아들과 자신을 위해 기도해 달라고 부탁했다.

홀로 아들의 양형 재판에 참석한 수제트는 피해자의 가족들이 많은 것을 보고 두려웠다. 그런데 믿을 수 없게도 수제트는 피해자의 가족들이 아들의 선처를 호소하는 글을 읽는 것을 들었다. 그들은 복수를 원하지 않았다. 그들은 사고로 희생된 형제가 추구했던 삶의 가치와 비행 청소년들을 위해 노력했던 그의 노력이 명예롭게 남길 원했다.

수제트가 담당 검사를 통해 유족들에게 감사와 위로를 전했을 때 검사는 그들이 자신을 만나고 싶어 하며 또한 그녀를 위해 기도해 왔다는 사실을 알려 주었다. 법정 밖에서 만난 수제트와 유족들은 함께 기도했다. "이런 용서와 연민 때문에 나오는 놀라운 힘을 표현할 길이 없어요. 하나님의 사자가 저의 마음을 열기 위해 방금 형제를 잃은 그 가족들을 저에게 보내주신 것 같아요. 정말 놀라운 구원이에요." 42)

가족이 범죄 피해자인 경우

어떤 사람들은 자신의 가족을 상대로 범죄를 저지른다. 가족이 범죄의 피해자면 범죄행위는 가족에게 매우 복잡한 영향을 미치기 때문에 피해자로서의 요구와 수형자 가족으로서의 요구가 결합하여 복합적인 형태로 나타난다. 당신의 가족이 당신의 피해자면 이 장을 먼저 읽은 후에 제7장을 읽을 것을 권한다.

이런 복잡한 결합은 때로 혼란스럽고 모순되는 결과를 일으키기도 한다. 우선 피해자 가족으로서의 고충이 가해자 가족으로서 겪는 어려움보다 우위를 점하게 된다. 안전을 보장받기 위해서 가족들이 일시적이라도 떨어져 지내야 할지도 모른다. 가족관계가 유지된다고 하더라도 정상적인 관계는 불가능하며 해체될 가능성이 농후하다. 비록 가족 공동체로 복원될 수 없더라도 그들의 책임마저 사라지는 건 아니다. 자신의 가족을 대상으로 범죄를 저지른 자는 다른 가족 역시 범죄 피해자라는 사실을 제대로 인지하고, 그들에게 책임지는 자세를 보일 때 비로소 그들을 존중하기 시작한다.

이 장은 수형자 가족의 현실적 고초와 어려움을 단지 피상적으로만 다루고 있다. 그들의 가족이 어떻게 회복적 사법의 철학과 그 실행 모델에 적용될 수 있는지 완전히 이해하기 위해서는 더 많은 사례와 연구가 필요하다. 중요한 것은 회복적 사법을 실현하기 위한 연구가 계속되는 한 수형자의 가족이 있다는 사실을 반드시 기억해야 한다는 것이다.

10. 회복적 사법 실무

회복적 사법은 실체적 **철학**이며 매우 다양한 방식으로 **실천할** 수 있다. 회복적 실무에 누가 참여자로 포함되는지, 개개인의 요구가 어떻게 충족되는지에 따라 다양한 결과로 도출된다. 결과의 다양성과 함께 사법 참여자들에게 헌신하고, 책임과 치유를 촉진한다는 점에서 회복적 실무는 공통점을 가지고 있다. 또한, 존중, 돌봄, 신뢰와 겸손이라는 가치를 우선한다. 궁극적으로 회복적 실무는 관계의 그물망을 복구하고자 노력한다. 이 장에서는 5가지 일반적 실무의 이해를 돕는 기본구조를 제시하고자 한다.

회복적 실무

회복적 사법을 이해하기 위한 다양한 접근법 중 하나는 특정 사법 실무에 회복적 요소가 얼마나 적용되었는지 살펴보는 것이다. 회복적 요소의 분포가 높아 온전한 회복적 사법에 가까운 실무가 있는가 하면 상대적으로 낮은 것들이 있다. 또한, 회복적 실무가 실행되는 범위개인적, 관계적 또는 사회적로 구분하는 방법도 있다.

회복적 실무는 다음 사항을 통해 사법 참여자를 존중한다.
- 그들의 요구를 존중함
- 책임과 치유를 촉진함
- 존중, 신뢰, 돌봄, 그리고 겸손을 실천함
- 그물망을 재구축함

회복적 사법 실무

회복적
실무의
차원

① 사회적 차원의 회복적 프로그램
② 관계적 차원의 회복적 프로그램
③ 개인적 차원의 회복적 프로그램

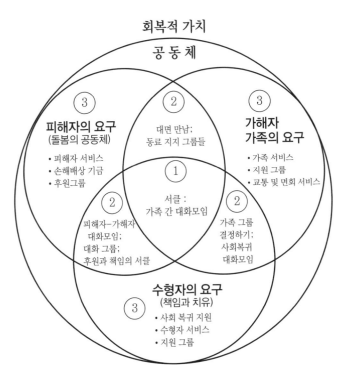

위 그림은 다양한 차원의 회복적 실무에 대한 이해를 돕는다. 세 개의 원이 교차하는 가운데 부분은 ① **사회적 차원에서의 회복적인 실무** 또는 프로그램의 사례다. 이곳에서 실행되는 하나의 사법적 대응은 모든 사법 참여자들의 요구에 반응할 뿐만 아니라 범죄와 관련된 폭넓은 사회적 이슈를 공론화할 기회를 창출하기도 한다. 중심의 바로 다음은 ② **관계적 차원에서의 회복적 실무**에 대한 예시다. 두 사법 참여자의 영역이 교차하는 여기에서 사법적 실무는 중복되는 요구에 함께 대응하게 된다. 원형의 가장 바깥 부분은 ③ **개인적 차원에서의 회복적 실무**를 나타내고 있다. 이곳에서는 다른 사법 참여자의 요구와 직접적인 연관성이 없는 사법적 요구에 집중한다.

이 그림의 중심에 자리한 사법적 실무들사회적, 관계적으로 회복적인 실무은 공동체 구성원을 한 공간에 집합시키고, 지금까지 일어난 일과 앞으로 해야 할 일에 관해서 이야기할 수 있도록 지원한다. 그러나 여기에서 다루는 모든 회복적 프로그램이 반드시 대면 대화를 요구하는 것은 아니다. 회복적 원리와 주요 가치를 바탕으로 각 차원에서 모든 사법 참여자들의 요구와 문제들을 다룰 수 있으면 충분하다.

모든 원을 포괄하는 바깥쪽 테두리는 공동체를 상징한다. 공동체의 큰 원이 세 개의 사법 참여자 원을 둘러싸고 있는 것은 공동체의 지원과 책임을 나타내며 각 실무의 중요한 파트너이자 때로는 참여자로 활동하는 공동체의 특징을 의미한다. 공동체와 내부원의 연결은 지지와 옹호를 나타낸다. 다시 말해 공동체가 사법절차 시스템과 공동체의 변화를 촉진하기 위하여 각 사법 참여자들과의 관계를 진지하게 받아들인다는 것을 뜻한다.

우리는 회복적 원리와 가치가 공동체를 감싸고 있다는 것에 주목해야 한다. 회복적 원리와 가치에 기반을 둔 공동체는 참여자들과 절차에 깊숙이 관련되어 있다. 각 차원에서 실행되는 모든 실무와 개별적 회복 또한 회복적 원리와 가치에 기대어 현실화한다. 완성형의 회복적 사법 시스템은 모든 회복적 프로그램의 활용이 가능한 시스템이다.

다만 위 모델은 일부 일반적인 회복적 프로그램에 집중하고 있다. 이 책의 사례 연구에서 소개한 것처럼 회복적 사법 가치를 적용하고, 사법 참여자의 요구를 충족시킬 수 있는 창의적인 방법들은 많다. 다음에서는 가장 일반적인 실행 모델 몇 가지를 살펴보고, 회복적 시스템에 대한 아이디어를 소개한다.

대면 만남(Face-to-face meetings)

사법 참여자들의 대면 만남은 가장 일반적인 회복적 프로그램이다.[43] 물론 모든 사례에 적용할 수는 없지만 만남을 선택한 사람들은 대체로 양측 모두에게 만족스럽고 큰 힘이 되었다고 한다.

전문진행자facilitator는 대면 만남이 적절한 선택이 될 수 있는지에 관한 사법 참여자들의 판단에 도움을 준다. 절차를 설명하고, 질문에 답해 주며, 참여자의 목표와 희망, 만남에 대한 우려를 공유한다. 이 과정에서 진행자는 모든 참여자에게 대등한 관심과 주의를 기울인다.

> **전문진행자는 모든 참여자들에게 대등한 관심과 주의를 기울인다**

각 사법 참여자들이 만남을 결정하면 전문진행자는 본격적으로 만남을 준비한다. 이 준비과정에서 참여자들의 만남 목적이 무엇인지, 각자 무엇을 말하고 듣고 싶어 하는지, 어떻게 안전을 확보하고, 어떤 특별한 절차를 활용할 것인지 등을 살펴본다.

또한, 전문진행자는 만남을 끌고 간다. 구체적인 진행자의 역할은 1) 만남을 위한 안전한 환경을 조성하고, 2) 참여자들이 원하는 이야기를 할 때 참여자를 지지하며, 3) 참석한 모든 사람에 대한 지속적인 존중감을 보여주고, 4) 참여자들이 그 목적을 달성할 수 있도록 조력하는 것이다. 즉 전문진행자의 역할은 소리 없이 적극적으로 관여하는 증인과 같고, 궁극적으로 만남의 주체는 참여자들이다.

다소 차이가 있지만, 위와 같은 만남의 결정과 준비, 진행 과정은 다른 모델에서도 유사하게 나타난다. 다음에서는 서클, 가족 그룹 대화모임, 피해자–수형자 대화모임에 대해서 자세히 살펴본다.

서클

며칠 동안 약물에 취해있던 17세의 조지George는 결국 운전 중 마약 소지죄로 체포되었다. 그는 자신의 죄를 해결하기 위해 공동체와 함께 서클에 참여했다. 공동체가 마약 남용과 난폭 운전에 대한 분노를 표현하는 동안 조지는 거의 말이 없었다. 마침내 입을 뗀 그는 "죽는 것에 관심 없어요. 무섭지도 않아요. 그냥 가능한 한 가장 재미있게 살고 싶어요."라고 말했다. 그때부터 대화의 흐름이 급격히 바뀌었다. 서클 구성원들은 저마다 십 대 시절에 같은 심정이었고, 다른 친구들에게서 비슷한 이야기를 들었다는 사실을 얘기했다. 생명에 대한 조지의 무관심이 곧 처분의 초점이 되었다. 조지를 포함한 서클은 생의 마지막을 살아가는 사람들을 보살피는 호스피스 교육과정을 이수하기로 합의하였다.44)

범죄 문제를 다루기 위해 한자리에 모인 사법 참여자들이 서클을 이끌어간다. 둥그렇게 둘러앉아 각자의 관점에서 범죄에 관해 이야기한다. 그다음 모든 구성원이 머리를 맞대어 수형자가 피해자와 공동체에 피해를 배상하는 방식과 범죄의 원인을 해소할 수

단을 취한다.

서클에서는 '키퍼Keeper'가 핵심적인 역할을 담당한다. 키퍼는 서클 안에서 경청과 발언을 촉진하는 상징적 도구인 토킹 피스 talking piece를 순환시키는 역할을 한다. 서클 참여자는 토킹 피스를 소유해야만 발언할 수 있으며, 참여자들이 더는 하고 싶은 이야기가 없을 때까지 토킹 피스는 돌아간다. 이 과정을 통해 참여자들은 서로의 차이점과 공통점을 발견하고, 참여자들의 관계를 존중하며 결국 계획의 완성을 이룩하게 된다.

가족 간 대화모임(Family Group Conferences)

십 대 소년이 친할머니를 폭행하고 돈을 훔쳤다. 이민자인 할머니는 마땅히 지원받을 제도적 장치도 없어 당장 공과금 납부가 걱정됐다. 선생님과 난민 단체가 소년을 설득했고, 피해자 단체가 할머니를 지원하여 두 사람의 만남이 성사되었다. 그들의 모국어로 진행된 만남은 기도로 시작되었고, 그동안 서로에게 벌어진 일들을 이야기하는 방식으로 진행되었다.

할머니의 이야기에 손자는 눈물을 흘렸다. 이어서 손자는 난민 캠프의 경험과 새로운 나라에서 정착하기 어려웠던 이야기를 꺼내었다. 두 사람 모두 비슷한 고통을 겪어왔다. 결국, 손자는 훔친 돈 전부를 돌려주었고, 할머니가 안전을 확신할 때까지 따로 살기로 했다. 또한, 손자는 전문가의 상담을 받고, 공동체 봉사활동을 수행하면서 학교에 출석하겠다고 합의하였다. 그들과 같은 문화권의 한 멘토가 손자의 의무 이행 여부를 확인하기로 하였다. 그 결과 손자는 주어진 의무를 모두 수행하였고, 더불어 두 사람은 공동체 안에서 새로운 지지 네트워크를 얻게 되었다.45)

가족간대화모임^{이하 'FGC'}라 함은 수형자와 그 가족, 피해자와 그 가족 또는 지지자를 한자리에 모은다. 적절하다고 판단하는 경우 공동체 단체 대표나 경찰 등 다른 사람들도 참여할 수 있다. 모든 참여자가 사건과 관련된 폭넓은 이야기를 나눈 후에 수형자와 그 가족은 따로 자리를 마련하여 범죄를 해결하기 위한 계획안을 작성한다. 작성된 계획안을 다른 참여자들에게 공개하고 다 같이 참여하는 수정작업을 거쳐 최종적으로 확정한다.

FGC 모델은 청소년 관련 사건에 상당수 적용되고 있다. 청소년 범죄의 특성상 범죄의 원인과 대응방식에 있어서 최고의 '전문가'는 가족이기 때문이며, 가족도 범죄에 대응할 힘을 부여받을 필요가 있다는 전제하에 작동된다. FGC에서 가족은 가정 내에 도사리고 있는 범죄의 원인과 그 영향 모두를 다룰 수 있다. 대화모임 과정을 통해 공동체의 협력을 얻은 가족들이 서로의 관계를 위해 노력하고, 작성된 계획을 완수할 수 있도록 지원하는 것이다.

피해자-가해자 대화모임(Victim-Offender Conferencing)

젊은 부부가 친구와 그 공범에 의해 살해되었다. 고인들의 어머니들은 사건의 충격을 서로 위로하며 한층 가까워졌다. 두 사람 모두 수형자 중 누구라도 만나고 싶어 했다. 한 어머니는 왜 그런 일이 벌어졌는지 사건의 진실을 알고 싶어 했고, 다른 어머니는 수형자와 그 가족의 배경, 교도소에서 어떻게 살았는지도 궁금했다. 수형자를 용서하는 것까지 고려하고 있었다. 수형자도 불안하기는 했지만 만남을 지지하는 자신의 어머니와 동석하여 고인들의 어머니들을 만나기로 했다.

모든 참석자는 몇 시간 동안 긴 이야기를 나누었다. 많은 의문을 가졌던 어머니는 수형자의 이야기에 만족하였고, 다른 어머니는 참아왔던 이야기를 했으며 수형자에 대해 많은 것을 알 수 있었다. 이 과정에서 피해자의 어머니들은 괴물이 아닌 한 사람으로 수형자를 볼 수 있게 되었다. 이 만남은 수형자에게 수많은 회한을 느끼게 했지만, 그 자신도 어머니들과의 이야기를 통해 안도감을 얻었다. 수형자의 어머니도 이 경험에 대단히 감사하였다. 계속해서 아들의 용기를 지지하면서도 피해자 어머니들의 요구에 적극적으로 부응하고 있었다.46)

'피해자-수형자 대화와 조정'이라고도 알려진 피해자-수형자 대화모임은 피해자와 수형자를 한자리에 모아 범죄에 관련된 이야기를 나눌 수 있게 한다. 각자 희망에 따라 자신의 지지자를 동반할 수도 있다. 순수한 대화에 집중하는 대화모임도 있고, 손해배상 합의를 중재하기 위한 대화모임도 있으며, 피해자와 수형자가 대화모임의 목적을 결정하도록 지지하는 방식도 있다. 어떤 접근방식이든 대화모임은 수형자와 피해자를 포함한 모든 참여자의 개인적 요구들을 중심에 두게 된다.

대화모임 프로그램은 매우 다양하게 적용된다. 수형자의 나이에 따라 또는 폭력 발생 여부에 따라 다른 방식으로 진행된다. 범죄 발생 후 수 시간 안에 진행되기도 하지만 수년이 지나서 진행되는 사례도 있다.

대화모임의 개시는 피해자, 수형자 모두 가능하다. 법원 절차를 대신하여 사용될 수도 있고, 형사사법 절차의 양형 단계에서 적용할 수도 있다. 교도소에 수형생활 중이거나 가석방 상태에서 진행되기도 한다. 이렇게 융통성 있는 특성 때문에 대화모임 프로그램은 다양한 환경에서 적용할 수 있다는 장점이 있다.

대화그룹(Dialogue groups)

수형자와 외부 자원봉사자 그룹과 함께 앉은 밥Bob과 케이시 Kathy는 음주운전 사고 피해로 세 아이를 잃은 경험을 이야기 하고 있었다. 그들은 아이들과 만신창이가 된 차의 사진들을 보여주며 고통과 보복, 정의, 용서 그리고 사랑을 놓고 번민하고 있는 이야기를 들려주었다. 그룹의 다른 사람들은 이야기를 듣고 큰 충격을 받은 듯했다. 그 후 몇 주 동안 수형자와 외부참여자들은 소그룹으로 나뉘어 차례로 자신들의 이야기를 하는 시간을 가졌다. 그들은 강도와 살인, 마약 거래와 중독 등에 관한 이야기를 했다. 서로가 공유하는 감정들-욕망, 폭력, 고립, 용기, 사랑, 희망-에 대해 토론하는 동시에 자아 성찰의 시간을 가졌고, 참여자들의 마무리 소감을 듣는 것으로 각 세션이 끝나도록 했다.47)

대화 그룹은 '서로 무관한' 피해자48), 수형자 그리고 지역사회 구성원을 한자리에 모은다. '전문진행자'는 범죄행위, 피해자화, 정의, 손해배상, 용서, 화해 등을 주제로 스토리텔링과 대화를 계획하고 안내한다. 이러한 대화그룹은 교도소 안에서 가장 일반적으로 사용되고 있다.

참여자들이 지은 범죄가 같은 유형이 아니더라도, 대화그룹은 사법 참여자들의 요구를 충족할 방법을 제공하기도 한다. 참여자들은 자신의 범죄와 관련된 이야기를 하고 다른 사람들로부터 그 소감과 느낌을 피드백 받는다. 범죄를 저지른 참여자들이 후회와 책임을 표출하는 것은 피해자 참여자들에게 상징적인 명예회복을 의미한다.

이로써 참여자들은 범죄의 원인과 그에 따른 영향을 인식하는 과정을 거치면서 대면 만남과 유사한 장점들을 경험하게 된다.

대화그룹 참여자들은 서로에게 배우고 이해하고자 노력한다. 처음에는 서로를 단순히 '피해자'와 '수형자'로 규정하던 참여자들은 대화를 나누면서, 비슷한 희망, 꿈, 고통, 즐거움 등을 공유하고 있다는 사실을 알게 된다. 이는 서로에 대한 연민과 상호 돌봄으로 확대되기도 한다. 이 대화는 공동체의 변화에 대한 희망을 고무하기도 하며, 간혹 어떤 그룹은 사법 관련 프로젝트를 위해 함께 노력하는 계획을 창안하기도 한다.

그룹의 구조는 프로그램마다 다르다. 서클, 소그룹 및 대그룹 토론, 그룹 활동, 피해자 자조 모임 등 인적 기준으로 그룹을 구조화할 수 있다. 또는 미술과 글짓기 활동, 워크북, 문서 토론 가이드 등 주요 활동 매체를 기준으로 세분화할 수도 있다. 대화 그룹은 보통 4회에서 12회 세션을 가지며, 대부분 교도소 안에서 진행되지만, 지역사회에서 진행하는 때도 있다. 이러한 유연성으로 다양한 요구를 충족하고 다양한 사람들을 참여시킬 수 있는 프로그램 설계가 가능하다.

후원과 책임 서클(Circles of Support and Accountability)

출소가 2년가량 남은 제이드Jade는 공동체로 돌아가기 위해서 무언가 해결이 필요하다는 느낌이 들었다. 그녀는 서클 모임을 요청하였다. 훈련된 자원봉사자 3명으로 구성된 그녀의 서클은 매주 수요일 교도소에서 만났다. 함께 웃고, 우는 동안 그들은 서로를 이해하고 신뢰하는 동반자가 되었다.

제이드가 석방될 때 서클이 그녀를 위해 뭉쳤다. 그녀를 푸드뱅크로 안내하고, 구직을 도와주며, 앞으로 닥쳐올 위기를 잘

넘길 수 있도록 격려해주었다. 이제 공동체로 돌아온 지도 2년 반이 흘렀다. 제이드는 2년째 안정적으로 근무하고 있으며, 몇 차례 승진도 하였다. 그녀의 서클은 5년 가까이 함께하면서 여전히 연락을 주고받고, 필요할 때 서로를 돕고 있다. 이제 안정되고 순조로운 삶을 이끌어가고 있는 제이드는 과거에 해결하지 못한 숙제를 풀어나갈 준비가 되었음을 느꼈다.49)

후원과 책임 서클이하 'COSA'은 출소 예정 수형자와 시민 자원봉사자의 만남을 주선하고 공동체의 삶으로 복귀하는 과정을 후원하도록 돕는다. COSA는 공동체와 피해자의 요구에도 대응할 수 있으므로 책임의 요소도 가미되어 있다. 이를 실현하기 위해 공동체 구성원, 피해자 또는 피해자 대리인이 서클에 참여한다.

COSA는 소위 '핵심 구성원core member'이라 불리는 수형자와 소수의 훈련된 공동체 구성원으로 조직된다. COSA는 핵심 구성원이 교도소에 수용 중일 때 만남을 시작하고, 출소 후에는 통상 1주일에 한 번 정도 정기적인 만남을 이어간다. 때에 따라서는 몇 년 동안 함께할 수도 있다.

이 만남에서 서클은 출소 후 어떻게 지내고 있는지, 사회 적응에 성공과 장애 요소는 무엇인지, 핵심 구성원의 요구는 무엇인지 등을 공유하며 문제 해결을 위해 공동으로 노력한다. 서클은 핵심 구성원이 현실적 요구를 충족시키고 새로운 관계를 형성해 나갈 수 있도록 도와준다. 제이드의 사례처럼 서클 구성원들은 핵심 구성원의 일상생활에 적극적으로 관여한다. COSA는 공동체 내에서 핵심 구성원을 대리하여 옹호자가 되어주기도 한다.

COSA는 개방적이고, 핵심 구성원에게 힘을 부여하면서, 신뢰 가치가 있는 상호작용을 수행한다. 이러한 과정에서 서클은 건강하고 책임 있는 공동체적 삶의 표본을 제시한다. 또한, 서클은 피해자와 공동체에 대한 책임을 촉진한다. 예를 들어 핵심 구성원이 재범의 위험에 노출되는 상황을 피할 수 있도록 도와준다. 핵심 구성원의 실제 피해자나 관련 공동체가 직접 관여하지 않더라도 COSA는 그들의 이익을 위해 지속해서 주의를 기울인다.

회복적 시스템

이러한 회복적 프로그램들은 형사사법 시스템과 병행되거나 형사사법 시스템 내에서 작동하는 형태로 존재한다. 예를 들어 피해자-가해자 조정은 때때로 소년 가해자를 형사사법 시스템으로부터 우회divert시키는 방법으로 차용되고, 서클은 교도소 구금을 대체하는 양형을 포함하여 창의적인 판결 형태의 하나로 활용되고 있다. 연구에 의하면 피해자와 가해자 등 사법 참여자들은 회복적 프로그램이 적용된 사법절차에 참여할 때 더 큰 만족을 나타낸다고 한다.

그러나 회복적 프로그램을 제공하는 형사사법 시스템과 **회복적 사법 시스템**은 다르다. 회복적 사법 시스템은 그물망의 원리와 회복적 신념과 가치에 기초하여 아래로부터 구축될 수 있는 것이며, 여기서 회복적 프로그램은 단순히 도구적인 '부가물'이 아니라 절차의 중심이 되어야 한다.

사법 참여자들에게 이런 시스템은 상당히 이질적으로 느껴질 수 있다. 사법절차는 용의자의 체포 시점부터, 피해자가 경험한 피해를 중심으로 시작되어야 한다. 사법절차의 모든 방향은 가해자의 책임과 치유를 촉진하는 것으로 수렴되어야 한다. 가해자 가족들이 나서 피해를 복구해 주고자 할 때, 그들의 사랑하는 가족인 수형자와 함께 그러한 책임을 이행할 수 있도록 하여야 한다. 이렇듯 시스템의 모든 요소는 개개인을 존중하고, 관계를 회복하며, 공동선을 추구할 수 있도록 설계되어야 한다.

이처럼 완성형 회복적 시스템의 의미와 실현 가능성이 여러 공동체에서 논의되고 있지만 아직 완벽하게 구현되지는 못한다. 다만 뉴질랜드 청소년 사법 시스템이 회복적 시스템에 가장 근접한 방식이 아닐까 추측한다. 이 시스템이 설계 목적에 충실하게 사용된다면 뉴질랜드 청소년들의 중대범죄는 법원이 아니라 회복적 대화모임에서 다루어지고, 법원은 배후backup 역할을 하기 때문이다.50)

11. 회복적 사법 실무, 사법, 그리고 교도소

치유를 향한 여정 프로그램의 서클을 9주 동안 진행해 온 여성 수형자 그룹이 있다. 이 서클의 일원으로 참여하면 자신의 범죄에 대한 책임을 인정하고, 다른 서클 구성원에게 공개적으로 밝힐 수 있어야 한다. 이것은 결코 쉬운 일이 아니며 많은 구성원 역시 자신이 그렇게 할 수 있을까 자신하지 못했다. 하지만 토킹 피스를 이어받은 구성원들이 자신의 범죄 경험을 이야기하기 시작했다. 그녀들은 피해자가 자신에게 어떤 말을 하고 싶어 할지, 자신은 어떤 말을 하고 싶은지 숙고해 본다. 구성원 누구도 해보지 않은 방식으로 개인의 변화, 치유 그리고 친절에 대한 경험을 탐구한다. 그들은 자기 자신들이 관계를 재건하고, 과거에 다투었던 것에 대해 서로 사과하고 있는 모습을 발견한다. 여성들은 서클의 시작과 종료를 주도하기 시작했고, 자신이 성찰한 내용을 그룹과 공유하게 됐다. 처음에는 회의적이던 여성들도 서클 참여가 인생에 가장 훌륭한 선택 중 하나였다고 말한다. 이제 그들은 교도소에서 발생하는 갈등을 해결하고 가정문제를 관리하는 방법으로 서클을 활용하려 한다.51)

현재 현장에서 활용되고 있는 많은 회복적 프로그램은 교도소 외부 공동체에서 유래되었다. 교도소 내에서 적용하는 일부 회복적 프로그램도 대개 교도소 외부 사람들이 개시하는 경우가 일반적이다. 이런 현실은 교도소 내 많은 사람이 회복적 프로그램의 실제 효과를 의심하게 하였다. 그들의 역할이 누군가 이 프로그램을 제안할 때까지 기다리는 것에 제한된다면 수형자들은 단지 회복적 사법의 수동적 수혜자에 머물게 될 것이다.

피해자와의 연락이 가능하지 않은 경우:
- 피해배상을 한다.
- 프로그램에 참여한다.
- 책임지겠다는 다짐의 편지를 자신에게 쓴다.
- 피해자 단체에 기부한다.
- 알고 있는 다른 범죄 피해자를 돕는다.
- 피해자 충격그룹 또는 대화그룹에 참여한다.

이 장은 수형자들이 교도소 안팎의 기존 프로그램과 협업하여 교도소 내에서 회복적 프로그램을 진행할 방법을 소개한다. 또한, 교도소 내에서 진행되는 회복적 프로그램의 한계를 살피고, '회복적 공간'이라는 아이디어를 새롭게 모색하면서 마무리하고자 한다.

기존 프로그램 연계

많은 수형자가 자신의 피해자와 만나기를 희망하고 일부는 회복적 프로그램에 함께 참여하기를 원한다. 이들은 이미 시행 중인 프로그램 참여를 요청하는 것으로 그 희망을 실현할 수 있다.

수형자와 피해자의 만남은 둘 모두에게 유익한 결과를 주기도 하지만 위험성 또한 상존한다. 따라서 검증된 회복적 프로그램과 숙련된 실무자를 통해 이들의 만남을 가장 안전한 방식으로 진행할 수 있는데 연락하기 전에는 다음과 같은 질문을 고려해야 한다.

1. 만남에서 무엇을 기대하는가?
2. 기대가 충족되지 않으면 어떻게 할까?
3. 피해자가 당신과 이야기하고 싶어 하지 않는다면 어떻게 해야 하나?
4. 피해자에게서 무엇을 기대하는가?예: 용서
5. 이러한 기대들은 공정하고 정당한가?

만남의 전문진행자는 여러 요인을 고려하여 피해자에게 연락할지를 결정한다. 일부 수형자의 경우 관련 정책이나 규칙에 근거하여 피해자와 연락하는 행위 자체가 금지되기도 한다. 이러한 규칙은 일반적으로 피해자의 안전을 보장하고 재범에 의한 피해를 예방하기 위한 목적에 기인한다. 이런 상황에서 수형자는 책임을 통감하고 피해를 복구할 수 있는, 상징적이고 창의적인 새로운 방법을 찾아볼 수 있다.

교도소에 있는 수형자들도 동료 수형자들에게 봉사할 수 있는 회복적 실천방안을 세우는 일에 주도적 역할을 해낼 수 있다. 대화그룹, 후원과 책임 서클, 나아가 피해자-수형자 대화 프로그램 진행을 위해 공동체 단체와 교도소 직원들의 참여를 적극적으로 유도하면서 창의적인 파트너십을 형성할 수 있을 것이다. 수형자 신분을 자책하며 그저 다른 사람들이 손잡아 줄 때까지 기다리고 있을 필요는 없다는 것이다. 물론 적극적인 요청과 행동을 위해서는 넘어야 할 장애물도 있지만, 상상력과 지속적 노력, 그리고 건전한 제안과 협력관계만 있다면 얼마든지 수형자들 스스로 시작할 수 있다.[52]

회복적 협력 모임, 실무자와 프로그램을 찾기 위해서는:
- 교도소 직원들과 다른 수형자와 상의한다.
- 가해자, 피해자 및 조정 중재 단체에 연락한다.
- 인터넷을 직접 검색하거나, 외부인에게 검색을 요청한다.
- 책, 잡지나 비디오 등을 조사해 본다.
- 지역 위탁 시행을 위해 다른 지역에서 시행하는 프로그램을 요청한다.

회복적 프로그램은 이런 곳에 사용하라:

- 수형자와 교도관 사이의 갈등
- 교도소에서 발생하는 범죄
- 가족관계 및 갈등
- 규율 위반

회복적 프로그램의 교도소 내 활용

교도소는 그 자체로 하나의 공동체다. 그러므로 교도소 내 범죄와 갈등을 해결하는 데 회복적 프로그램을 활용할 수 있다. 어떤 사람들은 교도소 내에서 발생하는 폭력과 갈등의 원인을 범죄에 대한 치유적 사법이 부족하기 때문으로 진단한다. 만약 그렇다면 이는 교도소 주벽 안에서 회복적 사법을 활용해야 하는 중요한 논거가 될 것이다.

교도소 내에서의 갈등은 매우 일상적인 일이다. 수형자들끼리 충돌할 뿐만 아니라 종종 직원들과도 마찰을 빚는다. 교도소 직원들 사이에도 갈등이 있다. 포괄적인 교도소 관련 문제 또는 부서별 갈등에 대응하기 위한 도구로 서클을 활용할 수 있다. 같은 거실 또는 작업장 동료 수형자들 사이의 분쟁을 조정하기 위해 활용할 수도 있다. 그 밖에도 수많은 사회 갈등에 대한 중재적 역할을 회복적 프로그램이 감당할 수 있을 것이다.

교도소에서 발생하는 범죄도 일반 범죄와 똑같이 사법적 요구를 충족해야 할 참여자를 만든다. 따라서 8가지 사법적 요구를 해소하기 위해 폭넓게 회복적 프로그램을 활용하는 한편 교도소 내 피해자 또한 지역사회에서의 피해자와 같은 기본적 서비스에 접근할 수 있도록 배려해야 한다.

회복적 프로그램은 수형자와 그 가족에게 도움이 될 수 있다. 가족그룹 대화모임은 자녀 양육에 대한 합의에 이르도록 서로 의견을 나눌 수 있는 공간을 지원하고, 사랑하는 사람이 집으로 복귀하는 데 필요한 준비를 도와줄 수 있다. 이 회의는 수형 기간에 불거질 수 있는 실질적인 가족 갈등을 해결하는 데 유용하다.

회복적 프로그램은 교도소 내 규율 위반에 대한 처벌 위주의 대응방식을 지양하고 별도의 대안을 제시한다. 당사자 가족이 참여하는 가족 간 그룹 대화모임에서 규율 위반의 원인과 영향, 덧붙여 규칙의 제정 배경에 대한 이해를 높일 수 있고, 당사자 가족을 직접 초청하여 교도소 내에서 규율 위반이 어떤 영향을 미치는지에 대해 충분히 논의한 후 징벌 결정을 내릴 수도 있다. 두 절차는 규칙을 위반한 사람이 징벌 처분을 결정하는 과정에 적극적으로 참여하게 한다.[53]

앞서 언급한 것처럼 수형자들도 교도소 내에서 이와 같은 유형의 프로그램을 제안하고 준비하는 과정을 주도할 수 있다. 공동체 내의 범죄분류 프로그램을 담당하는 협력자들과 실무자들이 교도소 내 프로그램을 진행하도록 동원될 수 있다. 그뿐만 아니라 회복적 프로그램을 비공식적으로 활용할 수도 있다. 수형자들이 다른 사람들과 모임을 할 때 서클을 적용하거나, 갈등을 겪고 있는 사람들이 서로 대화할 수 있도록 돕는 대안으로 활용하는 것이다.

회복적 '공간'

교도소에서 회복적 프로그램을 활용하게 되면 교도소 내에 치유적 요소를 전달하는 효과를 불러온다. 수형자는 물론 직원들에게도 유사한 영향을 미친다. 그러나 회복적 프로그램을 활용하는 교도소가 바로 '회복적 교도소'로 이어지는 것은 아니다. 현실적으로 회복적 교도소는 존재하지 않는다. 온전한 회복이 달성되기 위해서는 교도소가 단순히 회복적 프로그램을 제공하는 역할에 머물러서는 안 된다. 설치와 운영의 목적, 가치, 문화와 건축구조까지도 온전히 바뀌어야 한다. 회복적 변환transformation이 이루어지면 교도소의 정체성과 경험을 근본적으로 개조시킬 것이며, 교도소는 더는 우리가 알고 있는 전통적 개념의 '교도소'가 아니게 될 것이다. 교도소 내에서의 회복적 사법 프로그램은 교도소의 토대와 역할을 변환시키고 나아가 그 기능을 대체하는 것을 포함한다.

나는 회복적 토대 위에 건립되는 이 장소를 정의하기 위해 '회복적 공간'이라는 단어를 사용한다. 회복적 공간의 이미지는 수형자가 안전한 환경에서 자기 범죄에 대한 책임을 지고, 치유를 경험할 수 있는 '해롭지 않은 거실do-no-harm room'이라 할 수 있다. 수형자 그룹에게 이와 같은 방의 이미지를 상상하도록 주문했더니, 그들은 인문학 서적, 전화기, 안락의자, 문과 창문, 음악, 수족관, 식물, 산을 바라보는 조망 등으로 장식된 공간을 그려내었다. 그들의 방은 존중, 관계, 안전, 편안함, 소통, 희망, 그리고 생명 등 회복적 가치를 상징하고 있었다. 트라우마 치유 작업에서 통용되는 '안식처' 또는 '피난처'와 같은 개념도 회복적 공간의 특성을 암시하고 있다.54)

이런 이미지와 어휘는 회복적 공간의 특성을 이해하는 데 도움을 준다. 수형자와 범죄행위로 충격을 받은 사람들의 사이를 일시적으로 격리하는 동시에 수형자가 사법 참여자의 다양한 사법적 요구를 충족시키는 과정에 도움을 주도록 핵심적 관계를 계속 유지해주고 있음을 의미한다.

예를 들면 교도소 내 고정된 물리적 구조물이 주변의 인간관계를 활용할 수 있도록 도움을 주며 이를 통해 책임감을 고양하고 치유를 가능하게 한다는 것이다. 그래서 이러한 공간은 물리적 장소로 제한되는 것이 아니며, 관계적 또는 정서적인 형태로 작동할 수 있다. 즉 회복적 공간은 수형자의 사법적 요구를 해소하는 도구로써 그 사람을 안전하고 강한 관계로 둘러싸는 보호막이 될 수도 있고, 수형자를 치유하고 내면의 자아를 강하게 연마할 수 있는 지지 포럼을 제공할 수도 있다.

> 회복적 장소는 다음을 촉진한다:
> - 존중, 돌봄, 신뢰와 겸손
> - 타인과의 관계
> - 개인적 치유
> - 안전
> - 책임
> - 자아 존중감과 개인적 힘
> - 공동 책임
> - 독립적이고, 생산적이며, 건설적임
> - 이해와 공감
> - 창의성과 긍정성
> - 자연, 영성과 친밀해짐
> - 책임 있는 의사결정
> - 정직과 개방성
> - 친절과 사랑
> - 비폭력

회복적 공간이 교도소를 대체하는 사례는 드물다. 하지만 이런 비전을 향해 나아가고 있는 희망적인 사례도 몇 가지 있다. 회복적으로 생활하며 회복적 프로그램 참여를 약속한 사람들을 수용하고자 특별 생활 구역을 만들고 있는 교도소가 있다. 하이킹이나 원예 활동을 이용해 정신적 웰빙을 장려하는 교도소도 있고, 수형자들이 책임을 인정하고 치유하기 위한 과정의 하나로 문화적 소양을 쌓고 실천하도록 특별문화구역을 지정한 곳도 있다. 또한, 교도관이라는 직업을 회복적인 체계로 이해하는 직원들은 수형자나 동료 직원들과 자연스러운 상호작용을 이루며 회복적 환경을 만들어가고 있다.

회복적 공간에서 인간관계라는 개념은 사법절차에 필요한 한 가지 방법론일 뿐 사법절차 또는 구금 기간이 끝난 뒤에 복귀해야 하는 사회적 관계를 의미하는 것은 아니다. 나중에는 가석방과 사회 복귀가 지닌 의미와 경험도 변화를 맞이하게 될 것이다. 수형자는 관계로부터 소외된 적이 없었기 때문에 가석방과 재사회화에 방해되는 요소들도 제거될 것이며 사회 복귀는 더 차분하게 진행될 것이다.

교도소를 회복적 공간의 구조물로, 관계적, 정서적 공간으로 대체할 수 있다는 주장이 가능하지 않을 수도 있다. 언뜻 사회는 회복적 가치를 포용하고 있는 것처럼 보인다. 그렇다면 어떻게 회복적 사회로 확장할 수 있을까에 대한 질문이 생긴다. 나는 그와 같은 사회가 한 사람의 행동에서 시작된다고 생각한다. 교도소를 포함하여 어느 장소에서든 한 사람이 회복적으로 행동하면 그 행동은 반드시 타인에게 영향을 미친다. 다음 장에서는 이러한 목표를 설정하고 회복적으로 살아가는 방법을 탐구해 본다.

12. 교도소 내에서의 회복적 삶

교도소 수용 중에도 정기적으로 교회에 출석한 데이빗David은 어느 날, 자신의 매부를 살해한 호세Jose를 예배당에서 보게 되었다. 데이빗은 호세가 신앙 관련 프로그램에 참여하고 있으며 신앙심도 매우 깊다는 것을 알게 되었다. 그래서 자신은 물론 여동생과 조카가 몇 년 동안 품어왔던 질문에 답을 얻을 유일한 기회라고 생각하며 만남을 요청하였다. 그는 마치 가족들의 대표자가 된 것 같았다.

동료 수형자들과 회복적 사법 프로그램 전문진행자의 도움으로 드디어 두 사람이 만났다. 데이빗은 호세가 살해한 사람의 아내인 여동생의 메시지를 전달하였다. "강력한 용서의 힘을 믿으며, 남편을 살해한 당신을 용서한다고 전해 달라." 호세는 한동안 말을 잃었다. 마침내 입을 연 그는 "어떻게 해야 할지 모르겠네요…. 무어라 말해야 할지 모르겠습니다…."라고 하였다.

몇 분 후 자리에서 일어난 호세는 셔츠를 벗고 등 전체에 그려진 큼지막한 문신을 보여주었다. 등에는 '용서받지 못한 자 UNFORGIVEN'라고 쓰여 있었다. 다시 자리에 앉은 호세는 너무 많은 생각이 든다고 말했다. 데이빗과 호세 모두에게 그 만남은, 삶을 바꾸는 경험이 무엇인지 깊이 생각하는 계기가 되었다.55)

형사사법 시스템은 체계 속에 편입된 사람을 일회용품처럼 취급한다. 사법절차와 관련된 사람들의 경험, 감정 및 인간관계 등은 주목할 가치가 없다고 판단하며, 인류가 공유하는 인간의 가치도 중요하지 않게 간주한다. 형사사법은 깨어진 사회 관계망 속에서 자라나고 그 불안정한 상태를 영속화한다. 그렇다면 사법 시스템을 바꾸면 사회를 변화시킬 수 있지 않을까? 회복적 사법의 옹호자들은 그럴 수 있다고 주장한다.

회복적 사법은 사회를 변화시키는 방법을 제시한다. 수형자와 피해자가 존중받을 가치가 있다면 당연히 모든 사람이 존중받아 마땅하고, 범죄 피해를 본 사람이 소중하다면 지역사회의 모든 구성원 또한 소중하다. 회복적 사법의 실현은 사회 변화와 함께 관계망의 결속력을 증진한다.

그러나 회복적 사법 시스템이 사회 변화의 유일한 요소는 아니다. 공동체를 강화하고 복원하기 위해서는 구성원들 스스로 회복적 사법의 원칙과 가치를 지키고자 노력해야 한다. 그래야만 회복적 사법은 형식논리에 그치지 않고 삶의 방식이 되는 것이다.

회복적 삶은 사람들이 이미 강력한 관계망 안에 사는 것처럼 행동하도록 요구한다. 타인에게 대우를 바라는 것처럼 자신 또한 상대를 배려해야 하며, 경멸과 실수 또는 피해에 직면하더라도 '존재의 이유'에 따라 행동하여야 한다. 회복의 철학을 믿는 사람들에게 회복적 삶이란, 그 철학이 추구하는 이상과 이를 실천하는 행동으로 이루어진다.

교도소 내에서의 회복적 삶은 더 큰 사회의 회복적 사법과 같이 반문화적counter-cultural이다. 그러나 회복적 삶을 살아가는 것은 교도소 내의 다른 사람들은 물론 특유의 교도소 문화에까지 영향을 줄 수 있는 잠재력이 있다. 교도소 내의 변화는 결국 그 지역사회에도 영향을 끼칠 수 있다.

실례로 교도소 담장 안에서 자신들이 지향하는 공동체를 조직하는 사람들이 많이 있는데 상당수는 직업, 위원회, 개인적 삶, 교육 등을 통해 담장 밖의 사람들과 공동체를 변화시키고 있다.

회복적 삶으로 인한 개인적 이익:
- 내면의 평화와 자유
- 개인적 역량
- 안전한 인간관계를 통한 저력
- 강한 내면적 정체성
- 교도소 '드라마' 갈등에서 벗어남 56)
- 존중

이 장에서는 교도소 내의 회복적 삶이 가지는 6가지 특징과 전체 사회의 선善에 있어서 회복적 삶의 중요성을 살펴본다.

1. '치유의 길'로

사람들은 정작 자기 자신을 존중하지 않고, 너그러이 대하지 않는 경우가 허다하다. 회복적 삶을 통해 자기 자신을 보살피고 '치유의 길'로 가야 한다. 그 길 위에서 사람은 지금까지 살아온 삶과 앞으로 살아가야 할 삶을 관조하고, 개인의 희망과 목적을 달성하는 데 필요한 일을 시작할 수 있게 된다.

치유의 길을 선택한 사람은 자신의 고통스러웠던 경험에 당당히 맞서 이겨내고, 자신을 붙잡고 있던 고통의 경험들을 떨쳐내야 한다. 이것은 과거의 경험에 대한 수치심, 비난, 변명 또는 사

치유의 길로 들어서기 위한 아이디어

- 자신을 존중으로 대하고, 자기 자신의 가치와 선함을 발견한다.
- 자기 내면의 힘을 찾고, 자기 삶의 통제력을 복원한다.
- 자신의 범죄와 또 다른 비행들에 대한 책임을 인정한다.
- 타인에 의해 상처받고 피해받았던 과거의 시간을 당당히 마주한다.
- 안전하고, 서로 의지할 수 있는 인간관계를 가진다.
- 감정을 직시하고 버려라.
- 미움과 해소되지 못한 분노는 파괴적인 영향을 준다는 것을 인식해라.
- 영성과 용서자신에 대한 용서도 포함에 대해 탐구하라.

나은 '터프가이' 이미지와 '힘은 폭력으로 얻는 것'이라는 그릇된 신념체계를 버린다는 것을 의미할 수도 있다.

치유란 나약함을 의미하지 않으며, 무방비 상태로 잠재적 피해에 노출된다는 것을 의미하지도 않는다. 그것은 타인의 인간성을 존중하는 것처럼 자기 자신을 옹호하는 것이다.

2. 회복적 가치의 포용

우리는 매일 직장과 학교, 거리에서 그리고 식당에서 줄을 서거나 회의 중에도 또 가족과 친구들을 방문했을 때에도 수없이 많은 타인과 끊임없이 관계를 맺으며 산다. 이런 상호작용을 통해 우리는 **존중, 돌봄, 신뢰,** 그리고 **겸손**과 같은 회복적 가치를 받아들이고 베풀어야 한다.

존중을 위해서는 타인의 생각을 경청하고, 이해하고, 인정할 수 있어야 한다. 설령 싫어하는 사람이라도 마찬가지다. 타인과 서로 책임을 나누어 감당하고 있다는 개념을 인정할 때 사람들은 다른 사람을 **보살피게** 된다. **신뢰**를 바탕으로 살아가는 사람은 진실하며, 타인의 능력을 최대한 끌어내는 능력이 있다. 자신의 실수를 인정하고 필요할 때는 도움을 요청할 수 있는 것이 **겸손**이다. 궁극적으로 회복적 가치가 이끄는 삶은 폭력, 두려움 그리고 속임수가 없는 삶이다. 회복적 가치의 실천은 사법 전문가들과 교도관에게도 확장된다. 그들도 같은 존중, 돌봄, 신뢰와 겸손으로 대우받을 충분한 가치가 있다.

회복적 가치를 실천하기 위한 아이디어

- 더 많이 듣고, 더 적게 말하라.
- 언제나 친절하게 행동한다.
- 험담, 정략가政略家, personal politics, 숨은 의도, 뒷담화를 삼간다.
- 협력적 리더가 된다.
- 정도를 걸어가되 애매할 때는 타인에게 이익이 되는 것으로 베풀어라.
- 비폭력을 실천한다.

회복적 가치를 따르는 삶이 그들 또는 그들의 일을 좋아해야 한다고 강요하지 않는다. 단순히 그들도 당신과 똑같은 인간성을 가지고 있으므로 그에 걸맞게 행동해야 한다는 것을 뜻한다.

3. '안식처' 마련하기

수형자들은 매일 같이 교도소 내에서 스트레스를 경험한다. 그 때문에 많은 사람이 교도소로부터 잠시 도피할 수 있는 개인적 안식처를 만든다. 이러한 물리적, 정서적 공간은 교도소의 스트레스를 자신이나 타인에게 쏟아내지 않고 건강한 방법으로 대처할 수 있게 돕는다.

앞서 언급했듯이 한 사람이 교도소 내에서 삶에 대응하는 방식을 바꾸게 되면 다른 사람들의 교도소 삶 전체를 변화시킬 수 있는 잠재력을 가지게 된다. 자신만의 안식처를 가진 사람은, 필요한 때에 다른 사람들을 위한 피난처가 되어줄 수 있기 때문이다. 그 사람은 다른 사람들이 의지하고 믿을 수 있는 사람이 되며 건강한 대응과 관계의 모범이 된다. 그 긍정적 영향력은 교도소 내의 관계적 그물망 곳곳으로 퍼진다.

안식처를 만들기 위한 아이디어

- 안전하고 평화로운 장소를 그려본다. 마음에 상처를 느낄 때 그 이미지를 꺼내 본다.
- 명상과 심호흡을 한다.
- 헤드폰으로 편안한 음악을 듣는다.
- 혼자 있을 수 있는 시간을 좋은 기회로 활용한다.
- 마음을 가라앉히는 자신만의 문구를 작성한다.7-10음절
- 치유의 길을 상징하는 무언가를 찾아봐라. 격려를 받고 싶을 때 그것을 보고 사색하라.

4. 수형자와의 동행

교도소에 있는 사람들은 매일 '범죄자'에 둘러 쌓여있다. 이들

은 모두 타인에게 범죄를 저질러서 구금형을 선고받은 사람들이다. 일부 수형자는 교도소 내에서 또다시 범죄를 저지른다. 그리고 인간의 본성 때문에 의도와 무관하게 타인에게 상처를 주기도 한다.

어떤 형태라도 타인에게 피해를 준 행위는 수형자 스스로 받아들일 책임이 있다. 다른 사람에게 부당하게 욕설을 하거나, 접견을 오지 않은 배우자를 질타하는 때도 '수형자'는 자신의 처지를 되짚어 봐야 한다. 이것은 벌어진 일에 관해 비록 오해의 소지가 있더라도 자신의 행동이 타인에게 상처를 주었다는 사실을 인정하면서 겸손을 실천할 것을 의미한다.

수형자와 동행을 위한 아이디어
- 당신의 범죄에 대한 책임을 인정한다.
- 사회생활과 가정에서 당신의 행동으로 타인에게 상처를 주었음을 인정한다.
- 당신에게 잘못한 사람으로부터 배울 가치가 있는 한 가지를 찾아본다.
- 사회적으로 상처를 준 사람에게 보낼 사과 편지를 쓴다.
- 어린 신입 수형자를 잘 돌봐주어라.
- 싸움을 피한다.

사람들은 또한 타인에게 피해를 준 사람들과도 어울리게 된다. 막다른 골목에서 다른 사람을 주먹질한 사람에게 책임을 지도록 하거나, 남을 '험담'하며 떠드는 사람을 멈추게 하는 것 또는 면회를 오지 않았다고 화가 난 사람의 이야기를 들어주고, 가족에게 보내는 편지에 원망의 글이 담기지 않도록 도와주는 것 등이 그것이다.

5. 피해자와의 동행

범죄 피해자는 교도소 안에도 있고, 밖에도 있다. 피해자와 동행하기 위해서는 상대가 누군가의 범죄 피해자임을 항상 유념해야 하고, 가족을 비롯한 타인이 범죄 피해자가 되었다면 그들의 곁을 지켜주어야 한다. 모든 피해가 다 범죄가 되는 것은 아니므로 회복적 삶은 범죄가 아닌 상처를 받았을 때도 곁에 있어 주기를 지지한다.

책임과 '곁에 있어 주는 것'은 중첩되는 측면이 있다. 예를 들면 피해자와 공동체에 되돌려 주려는 수형자의 노력은 피해복구에 이바지할 뿐만 아니라 또 다른 피해 발생을 억제하는 공동체의 구성에 일조할 수 있다. 다른 사람에게 무시당했다고 호소하는 친구의 얘기를 선입견 없이 경청하는 것은 단지 하소연을 듣는 것에 그치지 않는다. 훗날 그 사람이 치명적인 인신공격을 받았을 때

심리적인 자정 능력을 발휘하여 가해자에게 복수하지 않도록 예방하는 역할을 할 수도 있는 것이다. 지역사회의 피해자 봉사단체에 금전이나 물품을 지원하는 것도 상징적 손해배상이 될 수 있으며, 만약 당신 가족이 피해자가 되면 그 단체에서 가족을 지원할 여력을 갖게 될 것이다.

자신의 범죄나 타인에게 상처를 줬던 행동들은 결코 원상태로 돌릴 수 없다. 하지만 '미래지향적 갚기paying it forward'를 통해 상징적인 피해복구를 실천하고 적절한 도움을 제공할 수 있다.57)

피해자와의 동행을 위한 아이디어

- "당신에게 그런 일이 일어나서 유감입니다."라고 말한다.
- 판단하지 않고 경청한다.
- 피해배상을 한다.
- 가족 구성원이 범죄 피해자인 경우, 피해자 지원기관과 연결해준다.
- 다른 사람이 당신에게 상처를 주더라도 보복하지 않는다.
- 선행을 베풀어라.

6. 수형자 가족과의 동행

교도소 내 대다수 수형자의 마음속에는 가족이 있다. 교도소 밖에 가족을 두고 있는 수형자도 있고, 드물지만 가족이 함께 수형 중인 경우도 있다. 어떤 사람들은 교도소 내에서 '가족'을 만들기도 한다. 반면 자신의 가족을 상대로 범죄를 저지른 사람도 있다. 회복적 삶의 중심은 건강한 가족관계의 본질을 이해하고, 만들어가고, 유지하는 것이다.

가족과 동행하는 첫 번째 단계는 자신의 범죄와 구금으로 인해 가족의 삶이 어떻게 변화했는지에 대해 서로 마음을 터놓고 대화를 시작하는 것이다. 고통스러워도 경청해라. 이제 가족의 삶을 위해 헌신하겠다고 약속해라. 준비되었다면 책임지고 해결해야 할, 과거 가족들이 서로에게 벌인 행위들에 관해서 모두 드러내고 이야기를 나눠라.

또한, 가정생활을 즐기는 것도 중요하다. 회복적 삶이란 가족의 삶에 관심을 기울이면서, 타인들에게도 그들의 삶을 온전히 실천할 수 있도록 자유를 제공하는 것이다.

특히 자녀에게 반복적으로 사랑을 확인시켜주고, 부모의 범죄나 교도소 구금 등으로 결코 아이들이 비난받지 않아야 한다는 확신을 심어주는 것이 무엇보다 중요하다. 건강한 가족관계를 유지하기 위해서는 이처럼 지속적인 소통이 필요하다.

수형자 가족과 동행을 위한 아이디어

■ 가족에게 사과 편지를 쓴다.

■ 편지, 카드, 선물, 돈을 보낸다.

■ 중요한 결정을 할 때 자신의 아이들과 가족 구성원을 참여
시킨다.

■ 면회나 전화를 하지 않았다고 사랑하는 사람을 비난하지
않는다.

■ 소통에 관한 수업을 듣고, 가족에게 그 기법을 사용한다.

■ 가족과 자신이 행복해지는 것을 허락해라.

■ 당신의 가족이 피해자인 경우, 편지, 전화 또는 연락하는
행위가 그들에게 고통을 줄 수 있다. 그들은 치유를 필요
로 하는 피해자임을 잊지 말고 존중해야 한다.

설령 자녀가 편지를 받지 못할 상황이라도 편지를 자주 써야 한
다. 아이를 보살피는 사람과 좋은 관계를 유지하도록 노력하라.

회복적 삶이란 당신이 늘 기대했던 바로 그 훌륭한 부모가 되는
것이며, 당신의 부모가 늘 꿈꾸어 오던 바로 그 자랑스러운 자녀
가 되는 것이다.

공동선(共同善)을 위한 회복적 삶

회복적 사법은 범죄로부터 영향받은 사람들인 가해자, 피해자,
그 가족과 공동체를 능동적으로 참여시키는 것에서 출발한다. 그

목표는 그들을 각 개인으로서 존중하고, 피해를 회복시키며, 인간관계를 재건하는 것으로 공동선에 이바지하는 데 있다. 폭넓은 회복적 실천을 발휘할 수 있는 완전한 회복적 사법을 이루기 위해서는 실질적인 사회 변화가 수반되어야 한다. 이런 변화는 탄탄한 관계의 그물망으로 복귀하는 것을 의미한다.

나는 회복적 사법에 대한 개개인의 헌신이 이러한 사회적 변화를 앞당길 수 있다고 믿는다. 한 사람이 회복적 삶을 산다는 것은 인간관계를 확장하고 공동선을 도모하는 방식으로 산다는 것을 의미한다. 이러한 접근법은 사람들이 서로 관계를 맺는 방식을 전환한다. 이러한 인간관계가 서로에게 긴밀한 영향을 미치게 되어 관계의 그물망은 마침내 자체 재생산을 시작한다.

관계의 재생을 기반으로 평등하고 정당하며, 서로 책임지는 사회로 거듭난다. 회복적 사회에서는 누구에게나 안전, 권한, 관계, 재정적 지원, 의료, 교육 그리고 고용과 휴식을 위한 적절한 기회가 보장된다. 이제 범죄는 발생하지 않는다. 더는 피해자도 생기지 않는다.

그러나 한 사람의 힘으로는 타인과 시스템 전체를 변화시킬 수는 없다. 사회적 변화를 촉진하기 위해서는 조직적인 지원이 필요하다. 회복적 지지는 회복적 사법에 헌신하는 사람들과 조직이 단순히 개인이나 대인관계 차원에 그치지 않고, 시스템을 변화시키기 위해 협력할 때 실현된다. 그들이 추구하는 새로운 시스템의 구축 과정은 모든 사법 참여자들의 경험과 요구를 존중한다.

　회복적 사법의 가치를 추구하며 살아가는 것은 회복적 사회로 변화시킬 수 있는 잠재력을 가진 개인의 선택이다. 회복적 사회는 개인, 개개인의 관계, 사회 전체에 이르기까지 방대한 변화를 요구하므로 그것을 실현하는 것은 매우 힘든 일이다. 그러나 교도소에 있는 사람들의 협력이 그 길로 나아가는 과정에 도움을 줄 수 있다.

선정도서

Blackard, Kirk(2004). *Restoring Peace: Using Lessons from Prison to Mend Broken Relationships*. Victoria, BC: Trafford Publishing.

Breton, Denise and Stephen Lehman(2001).*The Mystic Heart of Justice: Restoring Wholeness in a Broken World*. West Chester, PA: Chrysalis Books.

Casarjian, Robin(1995).*Houses of Healing: A Prisoner's Guide to Inner Power and Freedom*. Boston: The Lionheart Foundation.

Gilligan, James(2001). *Preventing Violence*. New York: Thames and Hudson.

Herman, Judith(1997). *Trauma and Recovery*. New York: BasicBooks.

McCaslin, Wanda, ed.(2005). *Justice as Healing: Indigenous Ways: Writings on Community Peacemaking and Restorative Justice from the Native Law Centre*. St. Paul: Living Justice Press.

Pranis, Kay, Barry Stuart, and Mark Wedge(2003).『평화형성서클』*Peacemaking Circles: From Crime to Community*. St. Paul: Living Justice Press.

Ross, Rupert(1996). *Returning to the Teachings: Exploring Aboriginal Justice*. New York: Penguin Books.

Zehr, Howard(1990/2005).『우리 시대의 회복적 정의』*Changing Lenses: A New Focus on Crime and Justice*. Scottdale, PA: Herald Press.

Zehr, Howard(1996).*Doing Life: Reflections of Men and Women Serving Life sentences*. Intercourse, PA: Good Books.

Zehr, Howard(2001). *Transcending*: *Reflections of Crime Victims*. Intercourse, PA: Good Books

Please refer to the endnotes for other books, videos, and Web resources.

For restorative-justice Web sites and a larger resource list, see www.restorativejustice.org.

The following books in the The Little Books of Justice and Peacebuilding series(all published by Good Books) may be helpful:

– 『회복적정의 실현을 위한 사법의 이념과 실천』 *The Little Book of Restorative Justice* (대장간 역간)

– 『가족집단 컨퍼런스(가족 간 대화모임)』 *The Little Book of Family Group Conferences* (대장간 역간)

– 『서클 프로세스』 *The Little Books of circle Processes* (대장간 역간)

– 『회복적 학생생활교육』 *The Little Books of Restorative Discipline for Schools* (대장간 역간)

– 『트라우마의 이해와 치유』 *The Little Books of Trauma Healing* (대장간 역간)

미주

1. 펜실베이니아 교도소협회에 관한 자세한 사항은 www.prisonsociety. org 참조. 245 N. Broad St., Suite 300, Philadelphia, PA 19107.

2. 참조: David Cayley, *The Expanding Prison*(Cleveland, OH:The Pilgrim Press, 1998), 215-217; and Brian Caldwell, *The Record*, July 8, 2002.

3. 참조: Azim Khamisa, *From Murder to Forgiveness*(Ank Publishing, Inc.:La Jolla, CA, 2002),90.

4. 참조: Kay Pranis, "Not in My Backyard," *Conciliation Quarterly* (Summer 2001).

5. James Gilligan은 그의 저서 *Preventing Violence*(New York: Thames and Hudson, Inc, 2001)에서 '정의의 형식으로서 폭력' (offers an interesting perspective on "violence as a form ofjustice")이라는 흥미로운 견해를 제시하고 있다.

6. 대체로 회복적 사법의 선구자로 여겨지는 하워드 제어(Howard Zehr)는 이러한 질문들과 회복적 사법을 구성하는데 상당한 영향을 끼쳤다. 그의 획기적 업적인『우리 시대의 회복적 정의 *Changing Lenses*』(대장간, 2019)와『회복적정의 실현을 위한 사법의 이념과 실천』(대장간, 2019) 참조.

7. 잉그리드 상티스(Ingrid De Sanctis)가 각본과 연출한 연극 "A Body in Motion"은 하워드 제어(Howard Zehr)의 책 *Transcending: Reflections of Crime Victims*(Intercourse, PA: Good Books,2001).에 기초한 작품이다. 이 연극 투어는 펜실베이니아 교도소협회(Pennsylvania prison Society) 의 프로젝트로 진행되었다.

8. 개인을 위한 것이 아닌 국가나 사회, 또는 온 인류를 위한 善(표준국어

대사전)

9. [역자 주] 'accountability'가 책임을 인식하고 자발적으로 책임지는 행동을 하고자 하는 개념이라면, 'responsibility'는 책임이 있는 상태나 사실을 일컫는 단순한 개념임.(accountability ; the acknowledgment and assumption of responsibility for actions / responsibility ; the state or fact of being responsible)

10. 홀로워터(Hollow Water)에 관한 자세한 것은 비디오 "Hollow Water" (National Film Board of Canada) and Rupert Ross, *Returning to the Teachings* : *Exploring Aboriginal Justice*(New York : Penguin Books, 1996) 참조.

11. '환대'와 '포용'을 연구한 작업으로는 *Exclusion and Embrace* : *A Theological Exploration of Identity, Otherness, and Reconciliation*(Nashville : Abingdon Press, 1996); and George Pavlich's chapter, "What Are Dangers As Well As the Promises of Community Involvement?" in *Critical Issues in Restorative Justice*, eds. Howard Zehr and Barb Toews(Monsey, NY : Criminal Justice Press, 2004) 참조.

12. 연극「담장을 넘어서」(Beyond the Walls-The Road to Redemption)는 목소리를 내지 못하는 사람들의 목소리를 내주는 극장 프로그램인 TOVA의 테야 세피넉(Teya Sepinuck)이 각본과 연출을 한 작품이다. 홈페이지 www.tovaartisticprojects.org. 참조

13. '스토리'라는 말의 의미는 사람마다 다르다. 그것은 다른 사람들이 듣고 싶어 할 거라고 생각하는 말을 하거나 진정한 생각과 감정을 숨기기 위한 가면을 쓰는 것과 같이 거짓말을 의미할 수도 있다. '이야기'라는 말이 공감되지 않는다면, 당신의 경험에 관하여 마음속으로부터 말한다는 느낌을 표현하는 말을 찾아낼 것을 권한다.

14. 펜실베이니아 해리스버그 피해자 지원사무국(the Office of the Victim Advocate, Harrisburg, Pennsylvania)에서.

15. 피해자의 경험에 관한 자세한 논의는 Zehr, *Transcending* 참조.

16. Khamisa, *From Murder to Forgiveness*, p. 1. 참조.

16. 펜실베이니아 교도소협회(Pennsylvania Prison Society)가 주관한 "책임의 날(Day of Responsibility)" 행사인데 주립교정연수원과의 협업으로 진행하였다. Department of Corrections; State Correctional Institution(SCI)-Dallas L.I.F.E. Assocation;and SCI-Retreat Community Development Organization.

17. Zehr, *Transcending*, p.36. 참조

18. *Ibid*.,(앞의 자료) p.126. 참조.

19. Khamisa, *From Murder to Forgiveness*, p.80. 참조.

20. Zehr, *Transcending*, p.115. 참조

21. *Ibid*., p.14. 참조

22. *Ibid*., p.34. 참조

23. *Ibid*., p.50. 참조.

24. 펜실베이니아 교도소협회(Pennsylvania Prison Society)가 주관한 "책임의 날(Day of Responsibility)" 행사인데 주립교정연수원과의 협업으로 진행하였다. Department of Corrections; State Correctional Institution(SCI)-Dallas L.I.F.E. Assocation;and SCI-Retreat Community Development Organization.

25. Howard Zehr, *Doing Life:Reflections of Men and Women Serving Life sentences*(Intercourse, PA: Good Books, 1996),p.73. 참조.

26. 나의 펜실베이니아 교도소협회 활동 중에 수형자들에게서 자주 듣는 심정표현이다.

27. Zehr, *Doing Life*, p.88. 참조

28. *Beyond the Walls-The Road to Redemption*.에서 발췌 인용.

29. Zehr, *Doing Life*, p.114-115. 참조.

30. *Ibid*., p.22. 참조

31. 나의 펜실베이니아 교도소협회 활동 중에 수형자들에게서 자주 듣는 심정표현이다.

32. Zehr, *Doing Life*, p.50. 참조.

33. *Ibid*., p.22. 참조

34. 사회복귀(교도소에서 지역사회로의 전환) 회합과 미네소타 州 교정국 자료(Transitional Conferencing and Minnesota Department of Corrections. For more on Transitional Conferencing, see www.transitionalconferenching.org and Minnesota Department of Corrections.)에서 참조.

35. A Sentence of Their Own, a documentary by Edgar A. Barens, 2001. 참조

36. 앞의 책 참조

37. Ann Adalist–Estrin and Jim Mustin, *Responding to Children and Families of Prisoners: A Community Guide*(Family and Corrections Network, 2003). 참조.

38. When the Bough Breaks: Children of Mothers in Prison, a documentary by Filmakers Library, 2001. 참조.

39. 나의 펜실베이니아 교도소협회 활동 중에 수형자들에게서 자주 듣는 심정표현이다.

40. 앞의 내용과 같음

41. Sam Francisco Partnership for Incarcerated Parents, Children of Incarcerated Parents: Bill of Rights(2003). 참조.

42. 연극 「담장넘어」(Beyond the Walls–The Road to Redemption)에서 가족을 교도소에 두고 있는 수제트가 한 이야기다. 홈페이지 www.tovaartisticprojects.org. 참조.

43. 대면 만남(face–to–face meetings)에 대한 일반적인 설명은 다음 기관을 참조할 것. Victim–Offender Mediation Association(www.voma.org) and European Forum for Victim–Offender Mediation and Restorative Justice(www.euforumrj.org).

44. Kay Pranis, Barry Stuart, and Mark Wedge, 『평화형성서클*Peacemaking Circles: From Crime to Community*』(대장간, 2018). For more information about Circles, also see Kay Pranis, 『서클프로세스*The Little Book of Cicle Processes*』(대장간, 2018). 참조

45. Allan MacRae and Howard Zehr, 『가족집단 컨퍼런스(가족 간 대화모임) *The Little Book of Family Group Conferences*: *New Zealand style*』(대장간, 2017). This book provides a fuller explanation of FGCs. 참조.

46. 이 이야기는 펜실베이니아 해리스버그 폭력범죄피해자 조정프로그램(Harrisburg, Pennsylvania. For more information about mediation), 피해자지원실에서 인용한 것이다. Meeting with a Killer(Lucky Duck Productions) and Beyond Conviction by Tied to Tracks Film, Inc; and Lorraine Stutz-man Amstutz and Howard Zehr, "Victim-Offender Conferencing in Pennsylvania's Juvenile Justice system," available online at www.mcc.org/us/peaceandjustice/crime.html. 참조.

47. Kirk Blackard, *Restoring Peace*: *Using Lessons from Prison to Mend Broken Relationships*(Victoria, BC: Trafford Publishing, 2004). For more information about group dialogues, refer to the Restoring Peace Offender Study Guide; the Sycamore Tree Project, a program of Prison Fellowship International Centre for Justice and Reconciliation; and Citizens, Victims, Offenders Restoring Justice Project, a project of University of Minnesota Center for Restorative Justice and Peacemaking. 참조,

48. [역자 주] 이 경우 피해자는 대화 그룹에 참여한 수형자의 직접 피해자가 아니며, 대부분 지역사회에서 참여한 다른 가해자의 피해자들이다. 이들을 '대리피해자'라고도 하는데 이렇게 자원하여 참여한 피해자들도 프로그램을 진행하는 가운데 수형자에 대한 새로운 이해를 통해 치유를 경험하기도 하고, 나아가 자신의 피해자와 대면을 모색하는 계기가 되기도 한다. 교도소 특성상 비대면 또는 간접대면 방식의 '피해자 인식과 공감프로그램'이 대면 프로그램 대안으로 많이 활용된다.

49. 교도소에서 지역사회로 복귀하는 전환기의 여성수형자를 지원하는 프로그램으로 온타리오주 워터루의 공동체 사법계획(Community Justice Initiative)에서 인용. the Correctional Services Canada website at www.csc-scc.gc.ca; and the video No One Is Disposable:Circles of Support and Accountability, available through Mennonite and Brethren in Christ Center, www.mbicresourcecenter.org. 참조

50. 자세한 정보는 MacRae and Zehr, 『가족집단 컨퍼런스(가족 간 대화모임) *The Little Book of Family Group Conferences*: *New Zealand style*』(대장간, 2017) 참조.

51. 미네소타 교정부(The Minnesota Department of Corrections) 샤코피 교도소(Minnesota Correction Facility, Shakopee, Minn.)의 허가를 받고 치유서클(Circle of Healing)프로그램에서 내용을 인용함.

52. 조정 등 회복적 사법 프로그램을 개시하는데 필요한 준비에 관하여 자세한 사항은 수잔 샤프(Susan Sharpe)의 *Restorative Justice*: *A Vision for Healing and Change*(Edmonton, AB: Mediation and Restorative Justice Center, 1998) 참조. 이 책은 교도소 내 사람들에게도 유용하다.

53. 학교를 중심으로 회복적 징계에 대해 다양한 자료가 만들어지고 있는데 이들은 교도소에 대해서도 의미가 있다. 자세한 사항은 the Lorraine Stutzman Amstutz and Judy Mullet, 『회복적학생생활교육 *The Little Book of Restorative Discipline for Schools*』(대장간, 2017). 참조

54. Sandra Bloom, *Creating Sanctuary*: *Toward an Evolution of Sane Societies*(New York: Routledge, 1997) and Judith Herman, *Trauma and Recovery*(New York: BasicBooks, 1997) 참조.

55. 미네소타 교정국(The Minnesota Department of Corrections)의 허가를 받아 인용함

56. [역자 주] 마치 교도소하면 떠오르는 드라마 각본처럼 수형자들이 서로, 또는 교도관과 갈등하고 문제를 일으키는 부정적 일상에서 벗어난다는 의미. 클레머(Donald Clemmer)가 수형자 사회 현상을 '교도소화(prisonization)'라고 언급한 것과 관련 깊다.

57. '과거지향적 갚음'(payback)은 항상 가능한 일은 아니지만 '미래지향적 갚기'에 들어 있는 지혜는 도움을 필요로 하는 사람에게 감사와 보상을 미래지향적으로 갚는 것이기에 언제나 가능하다. 캐서린 라이언 하이드(Catherine Ryan Hide)의 "Pay it Forward"(New York: Pocket Books, 2004), 또는 같은 이름의 워너브라더스(Warner Bros)의 영화도 있다.

용어번역 일람

용어	기본 번역	가능한 번역
accompanying furlough	동행 귀휴	직원동반 휴가
accountability	책임	상호책임, 자발적 책임
admission process	입소절차 reception process	신입절차
bail	보석保釋	보석금
bar	철격자 steel grille	쇠창살
capital punishment	사형 death penalty	생명형
community	공동체	지역사회
conference	대화모임	회합
contraband	부정물품	불법반입물품
correctional institution	교정기관 correction house	교도소
correctional facility	교정시설	교도소
crime	범죄 criminal act unlawful act	범행, 죄악 offence felony
criminal record	전과前科 previous conviction	전과기록
deposition money	영치금 custodial money	보관금
detention center	구치소 house of detention	미결수용자시설 detention area
disciplinary punishment	징벌	징계
escape	도주 flight	탈주 prison break

ex-convict	전과자 yardbird habitual convict	출소자 ex-prisoner released convict old lag
execution	사형집행 execution of death penalty	처형
facilitator	촉진자	전문진행자, 진행자
Family Group Conference	가족간대화모임	가족집단회합
harm	피해	해로움
imprisonment for life	무기형 life sentence	종신형 perpetual punishment
imprisonment with labor	징역형	정역定役형, 노동부과형 penal servitude
incarcerated	구금된	수용된, 수감된
incarceration	구금형 imprisonment, prison sentence	구금 custody, remand, confinement, penal detention
indictment	기소 charge, prosecution	공소
inmate	수용자收容者	재소자, 피구금자 detainee억류자
integration	통합	사회복귀
intensive security facility	엄중경비시설	중구금시설, 엄중보안시설 maximum security facility
jail	구치감 gaol	유치장, lock up
leg irons	발목보호장비	족쇄, 쇠차꼬 gyve, shackle, fetter, stock, bilbo
making things right	잘못을 바로 잡기	잘못을 바로 잡는 과정
mediation	조정	중재
nurturing infant	양육유아교도소 내	대동유아 children of female inmate

offender	가해자	범죄자, 수형자
overcrowding	과밀수용 high density of prison population	수용과밀
pardon	사면 amnesty	일반사면 general amnesty
parole	가석방 provisional release, conditional release	가출소
practices	실무	프로그램
prison	교도소 penitentiary	형집행시설, 형무소
prisoner	수형자 convicted inmate, sentenced inmate	수감자, 재소자
prison life	수용생활, 수형생활	징역살이 life behind bars
prison staff	교도소 직원 prison officer	교도관 correctional official
private prison	민영교도소	사설교도소, 민간교도소
probation	보호관찰	집행유예 stay of execution
punishment	처벌	형벌 penalty
recidivism	재범 recommitment, repetition of crime	재복역
reentry	사회복귀	재사회화
referral	의뢰	위탁, 회부, 대안
rehabilitation	교화 reformation	갱생, 사회복귀, 재사회화
release	석방	출소
release warrant	석방지휘서	석방영장
relieved security facility	완화경비시설	경구금시설, 완화보안시설 minimum security facility

remaining prison term	잔형기	남은 형기
responsibility	책임	의무
restitution	배상 reparations, amends	손해배상, 보상, 반환 compensation, restoration
segregation	분리 separation	격리, 분리수용
single cell	독거실 solitary cell, individual cell	1인 수용실
stakeholder	이해당사자	이해관계자
support	지원	지지, 후원
total prison population	수용인원 number of prisoners accommodated	수용정원
transfer	이송 transfer of prisoner	인도引渡 delivery, extradition, hand-over
transition	전환	복귀, 이행
treatment	처우	처리, 치료, 대우
unconvicted inmate	미결수용자 trial inmate	미결재소자
venting feelings	감정표출	감정분출
vindication	옹호	정당성 해명, 정당성 입증
warden	교도소장 prison governor head of a prison	구치소장, 관리자 jailor

■ 정의와 평화 실천 시리즈

- 학교 현장을 위한 회복적 학생생활교육 – 로레인 수투츠만 암스투츠, 쥬디 H. 뮬렛
- 서클 프로세스 – 케이 프라니스
- 갈등 전환 – 존 폴 레더락
- 트라우마의 이해와 치유 – 캐롤린 요더
- 피해자 가해자 대화모임 – 로레인 수투츠만 암스투츠
- 회복적 정의 실현을 위한 사법의 이념과 실천 – 하워드 제어
- 전략적 평화 세우기 – 리사 셔크
- 공동체를 세우는 대화기술 – 리사 셔크, 데이비드 캠트
- 건강한 조직 만들기 – 데이비드 브루베이커, 루스 후버 지머먼
- 성서는 정의로운가 – 리사 셔크
- 가족 집단 컨퍼런스 – 앨런 맥래, 하워드 제어
- 대학을 위한 회복적 정의 – 데이비드 R. 카프
- 교도소에서의 회복적 정의 – 바바라 테이브스
- Restorative Justice in Education – 캐서린 에반스, 도로시 반더링
- Restorative Justice for Sexual Abuse – 주다 오쇼른 외
- Restorative Justice for Older Adults – 쥴리 프리센, 웬디 멕